SOUPS

OF HAKAFRI RESTAURANT

of

Hakafri Restaurant

ORIGINAL VERSION

By Rena Franklin

Drawings
DANIEL

Translator
YEHUDIT VENEZIA

Triad Publishing Company Gainesville, Florida

To my father, U. L. Ward Hodge — whose special way of eating gave me a special way of looking at food.

And, of course, to Lynn, Mimi, Phil, Bruce, Hallie, Stan, and Jack.

WITH APPRECIATION —

To Yehudit, for patience, care, enthusiasm, and great ability to understand and translate that understanding into Hebrew.

To Daniel, for the ability and talent to appreciate and depict the atmosphere that Food is also Spirit.

To Hanna, who brought it all into being.

Library of Congress Cataloging in Publication Data

Franklin, Rena.
Soups of Hakafri Restaurant.
English and Hebrew. Title on added t.p.: Merakim.
Includes index.
1. Soups. 2. Mis'edet "Ha-kafri."
I. Title. II. Title: Merakim.
TX 757.F73 1982 641.8'13 82-2678
ISBN 0-937404-12-8

First published in 1979 in Israel.

Printed in the United States of America.

Published and distributed by Triad Publishing Company, Inc.
P.O. Box 13096, Gainesville, Florida 32604

Cover Design: Mira

"This soup is delicious!" is a phrase that we've heard over and over again since we opened Hakafri Restaurant almost four years ago. Not — I hasten to add — that our guests were not appreciative of the rest of our menu, but somehow our soups seemed to elicit that special response, that special note of pleasure. And more often than not it was followed with "Can you tell me how to make it?" Our answer is in this small volume and it is, "Yes, here's how."

Sharing a good recipe is, I think, an important part of loving good food and finding pleasure in cooking, two things that led me to open "Hakafri." The many friends who come time and again to dine with us often ask me how I manage to find such satisfaction doing the same thing over and over again. The answer, of course, is that preparing a dinner is never routine. It is as creative as painting a picture or writing a story. The paints and the canvas, the words and the paper, are the same materials each time, but the design and the execution are always unique. So it is with food.

Our soups are always part of a larger design — the four-course meal with wine and coffee. That's why there are no hearty ethnic soups in this collection. Our soup, which is always a second course following a salad, is meant to tease the palate, not satiate the diner. Some of them are heartier than others and, if served in larger portions, can be used as the core of a light meal. But, basically, they are for a course that should be integrated into an entire dinner.

We decided to do the book in English and Hebrew for two reasons. Our clientele is varied in languages. But more important it will make "kitchen" English and "kitchen" Hebrew available to those who know only one and wish — like I did when I first came to Israel — that they knew both.

B'teyavon! Soup's on!

Rena Franklin

CONTENTS/INDEX

To the Cook 1
Definitions 1

A

Almond Soup 7
Amelia Burson's Matzo Balls .. 39
Artichoke Cream 9
Aubergine, Potage 57
Avocado Soup 11
Avgolemono 75

B

BEEF —
- Brahms Soup 19
- Brown Soup 23
- Gulyas Soup 67
- Oriental Potato Soup 99

Borscht, Hot 17
Brahms Soup 19
Broccoli Soup, Cream of 21
Brown Soup 23

C

CABBAGE —
- Cabbage Soup 25
- Hot Borscht 17

Cabbage Soup 25
California Garlic Soup 63
Canja 27

CARROT —
- Carrot Soup 29
- Potage Le Roi 53

Carrot Soup 29
Carver Cream 93

CELERY —
- Chiffon Soup 45
- Creme Georgette 31
- Potage Le Roi 53

Cheese Soup 33

CHICKEN —
- Avgolemomo 75
- Canja 27
- Chicken Dumpling Soup 41
- Green Mountain Chicken Soup 43
- Mulligatawny 55
- Old Fashioned Chicken Soup 37
- Roman Soup 35

Chicken Dumpling Soup 41
Chicken Soup, Green Mountain 43
Chicken Soup, Old Fashioned . 37
Chiffon Soup 45
Clear Mushroom Soup 81
Corn Soup, Cream of 49
Country Inn Lentil Soup 77
Cream of Broccoli Soup 21
Cream of Corn Soup 49
Creme Georgette 31
Creme Marie 119
Cucumber-Spinach Soup 51

D

Dutch Mushroom Soup 83

E

Easy Pea Soup 89

EGGPLANT —
- Potage Aubergine 57
- Soup Turino 59

F

Fish Soup 61

G

Garlic Soup, California 63
Garlic Soup, Spanish 65
Gazpacho, Kyoko's 117

GREEN BEAN —
Potage Haricots Verts 13
Potage Maurice 15
Green Mountain Chicken Soup 43
Gulya's (Goulash) Soup 67

H

Haricots Verts, Potage 13
Hazelnut Cream Soup 71
Herb Soup 73
Hot Borscht 17

K

Kyoko's Gazpacho 117

L

Lentil Soup, Country Inn 77
Leon, Potage 105
Le Roi, Potage 53
Lynn's Tomato Cocktail Soup .. 115

M

Matzo Balls, Amelia Burson's . 39
Maurice, Potage 15
Mercedes, Soup 47
Minestrone, Village 79
Mulligatawny 55
Mushroom Soup, Clear 81
Mushroom Soup, Dutch 83

N

NUT SOUPS —
Almond Soup 7
Carver Cream 93
Hazelnut Cream Soup 71
Walnut Soup 123

O

Old Fashioned Chicken Soup .. 37
ONION —
Onion Cream Soup 85
Potage Leon 105
Onion Cream Soup 85
Oriental Potato Soup 99

P

Palma, Soup 121
Parmentier, Potage 97
Party Pea Soup 91
PEAS —
Chiffon Soup 45
Easy Pea Soup 89
Party Pea Soup 91
Potage Leon 105
Potage St. Germaine 87
Sherry Bisque 107
Pea Soup, Easy 89
Pea Soup, Party 91
PEPPERS, BELL —
Soup Mercedes 47
Pepperpot 95
Potage Aubergine 57
Potage Haricots Verts 13
Potage Leon 105
Potage Le Roi 53
Potage Maurice 15
Potage Parmentier 97
Potage St. Germaine 87
POTATO —
Oriental Potato Soup 99
Potage Parmentier 97
Potato Soup, Oriental 99
Pumpkin Fondant 101

R

Roman Soup 35

S

Sherry Bisque 107
Soup Mercedes 47

Soup Palma 121
Soup Spatzle 69
Soup Turino 59
Spanish Garlic Soup 65
Spatzle, Soup 69
SPINACH —
Cucumber-Spinach Soup 51
Potage Leon 105
Spinach Soup, Paulette 103
St. Germaine, Potage 87

T

TOMATO —
Fresh Tomato Soup 111
Kyoko's Gazpacho 117
Lynn's Tomato Cocktail Soup 115
Sherry Bisque 107
Tomato Bouillon 109
Tomato Soup, Schermerhorn 113
Tomato Bouillon 109
Tomato Cocktail Soup, Lynn's . 115
Tomato Soup, Fresh 111
Tomato Soup, Schermerhorn .. 113
Turino, Soup 59

V

VEGETABLE, MIXED —
Creme Marie 119
Kyoko's Gazpacho 117
Pepperpot 95
Potage Leon 105
Soup Palma 121
Village Minestrone 79
Village Minestrone 79

W

Walnut Soup 123

Z

Zucchini Soup 125

TO THE COOK

The recipes in this book (except where noted) are for serving six persons in a menu of four courses — hors d'oeuvre, soup, main course, and dessert.

AS FOR INGREDIENTS —

Our soups are made with the finest we can buy. The vegetables do not have to be the most glamourous, but they are always the freshest. None of the soups here is of the long simmering variety, therefore only the freshest can give the taste wanted.

In most of the recipes, chicken, beef, or vegetable stock can be used interchangeably. The stock may be homemade or may be any commercial product that has a good flavor. In the restaurant, we use Spice Islands Chicken Seasoned Stock Base and Beef Stock Base (available as a powder).

The broth called for in the recipes is made by combining

1 heaped tablespoon of the soup powder
2 cups of hot or boiling water

DEFINITIONS —

The cooking terminology is basically American. Herewith are a few definitions to help clarify any language barriers.

BLENDOR —

To put into a Waring Blender, or Osterizer, or facsimile, and to reduce to a fine puree. A food processor may also be used.

GARNISH WITH —

To add decoration to each bowl before serving, for color as well as for taste.

GARLIC BREAD, TOASTED —

For 6 slices: Cut 1½-2½ cm. (½-1 inch) slices of French style bread. Spread on one side with a mixture of ⅓ cup softened butter or margarine and ½ teaspoon crushed garlic. Put slices into a 350° F. oven for 20 minutes. Remove from oven and spread the 2nd side of bread with remainder of butter or margarine. Return to oven for 5 minutes. You may increase the garlic to your taste.

CROUTONS —

Use 1-1½ cm. (⅓-½ inch) cubes of bread, either toasted in oven or sauteed. Slice bread the thickness you want croutons to be. Slice off all crusts. Cut "fingers" from each slice the thickness of the bread slice. Cut "fingers" into cubes. (GARLIC CROUTONS — Add a pinch of garlic powder for each slice of bread.)

Oven toasted: Before cutting the bread into "fingers," spread each side of bread with soft butter or margarine. Proceed to cut into cubes. Scatter the cubes on a cookie sheet; put into a 350° F. oven. Stir often until lightly "toasted."

Sauteed: In a skillet melt 1½ t. butter or margarine for each slice of bread. Using medium heat, throw in the cubes, stir to coat each cube, and, stirring constantly, cook until "toasted" golden on most sides.

HERBS AND SPICES —

BARBECUE SPICE: a bottled blend of spices made by SPICE ISLANDS brand. (If unavailable, substitute the following: mix together 1 t. celery salt, ½ t. paprika, ⅛ t. garlic powder, 1/8 t. cayenne, and a large pinch each of ground cumin and ground cloves.)

CHERVIL and SUMMER SAVORY: herbs tasting much like parsley when dried. If unobtainable, substitute parsley.

SOYA SAUCE: use a good Japanese one, or a Korean one. Not Chinese or Israeli!!!

JULIENNE —

To cut into matchstick-sized pieces of 3-4 cm. (1-1½ inches) long.

LENTILS, TO COOK —

Put lentils into a pot and cover them with double their amount of cold water. Soak overnight. Next morning, rinse the lentils; cover with fresh cold water and add 1 teaspoon salt per liter (or quart) of water. Bring to a boil. Add 1 bay leaf. Cover. Simmer until tender. If necessary, add boiling water to keep lentils just covered with water at all times.

MEAT, SMOKED —

Use tongue, turkey, or goose breast (fat removed). Each will give a different taste to the soup.

MILK, TO SCALD —

Put milk into a pot and heat it until small bubbles appear around the edge of the surface of the milk. Do not boil.

"MOULI" (TO) —

This is a special instrument to puree softened foods. "To mouli" is to use this instrument of French origin. The result is quite a different look and texture from a Blendor puree. If you don't have a Mouli, you may also achieve this texture using a medium-mesh sieve, forcing the food through the mesh with a spoon.

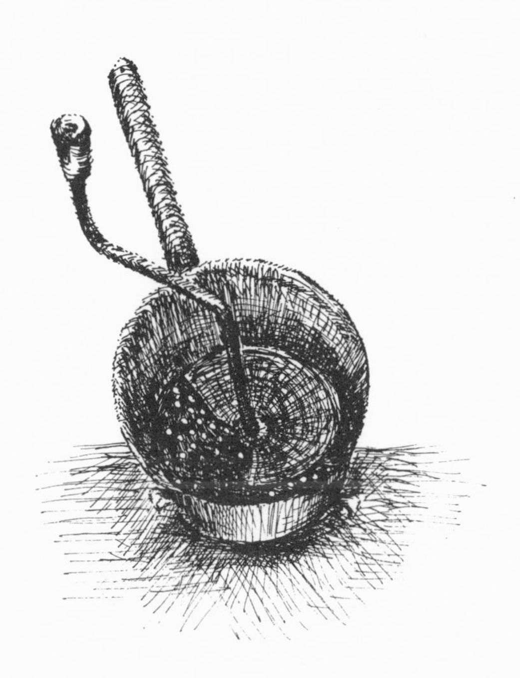

NUTS —

ALMONDS — Blanched: Drop into boiling water for 3-4 minutes; drain and peel.

Ground: Reduce to a fine meal (like semolina) by Blendoring (½ cup at a time) or grinding by mixer attachment or hand nut grinder. Never use the meat grinder attachment. You may also use the food processor.

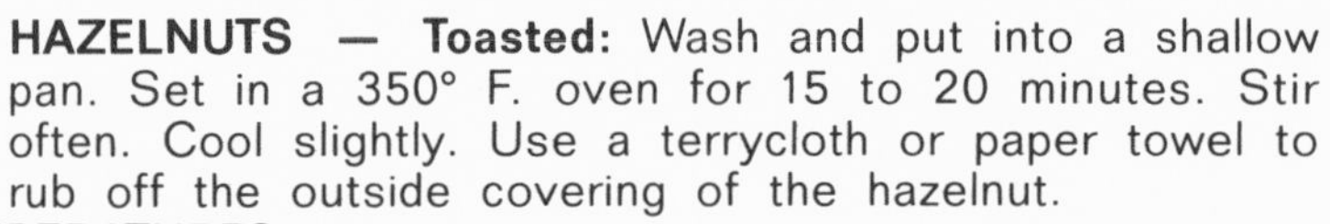

HAZELNUTS — Toasted: Wash and put into a shallow pan. Set in a 350° F. oven for 15 to 20 minutes. Stir often. Cool slightly. Use a terrycloth or paper towel to rub off the outside covering of the hazelnut.

TEMPERATURES —

"Bring to a boil and simmer for 10 minutes": Quickly bring the liquid to a boil; reduce the heat to give a constant proper simmer; then start counting the minutes.

Simmer: To cook just below the boiling point, with a gentle rising of bubbles.

Serving temperature: Hot enough so that the soup will reach the diner at an acceptable temperature to eat.

VEGETABLES —

Chopped parsley or dill: Pull off the parsley leaves or the dill sprigs; discard the stems. Dry well. Chop to desired size.

Cucumber slices for garnish: Wash the cucumbers well. With the tines of a fork, scrape the tines the length of the cucumber — about ½ cm. deep (¼ inch) — all around the cucumber, making "stripes." Cut into slices.

Gamba: This is a red "green pepper."

Green pepper or gamba, peeled: Use a potato peeler. It is not necessary to remove every bit of the peel.

Celery: The **stalk** is one of the individual pieces or "ribs" of the American celery, without the leaves. The inner core of paler ribs and leaves is called the **"heart"** and the leaves of this heart are usually used.

Mushrooms, to wash: Working quickly, put mushrooms into a large bowl. Sprinkle on about ⅓ cup of salt per kilo (2 pounds) of mushrooms. Cover with cold tap water. Using your hands as scoops, turn the mushrooms over and over in the salty water. Drain. Under running cold water rinse the mushrooms a handful at a time. Put the rinsed mushrooms on paper towels to drain and dry. With more paper towels, blot off all excess water.

Scallions: Also called green onions or spring onions.

Tomatoes — To peel: Dip tomatoes into boiling water for 10 seconds, enough time to loosen the skin. Remove, drain, and peel.

To seed: Cut tomatoes in half parallel to the stem. Squeeze out the seeds and juice.

To chop: Cut tomato into thick slices and these slices into pieces.

WHISK –

This is both a professional cook's instrument and the operation of using the same. To use, stir or beat as with a spoon.

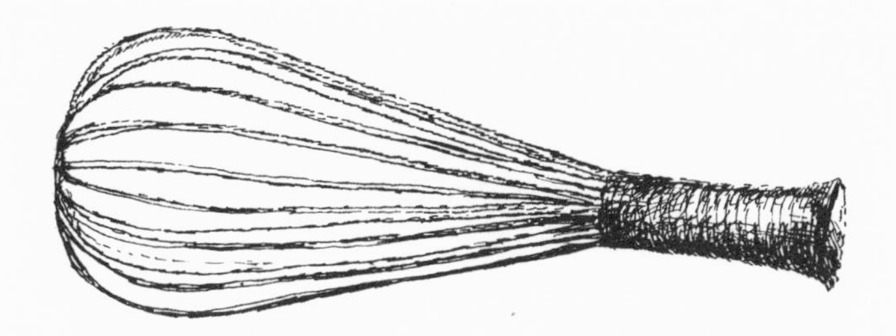

The measurements are also important. We use in the restaurant American standard measuring cups and spoons, and liter measure for liquids.

1 liter	1 quart	4 cups
½ liter	2 cups	
¼ liter	1 cup	16 tablespoons
	1 tablespoon	3 teaspoons
1 kilo	2.2 pounds	
½ kilo	1.1 pound	
1 cm.	⅓ inch	
100 grams	3½ ounces	

For your convenience, the metric/American conversions used in the recipes are approximate; they have been rounded to the nearest American equivalent.

מרק שקדים

ערבבי בסיר מרק:

1½ כפות חמאה

1½ כפות קמח

הוסיפי תוך כדי בחישה מתמדת:

1¼ ליטר מרק עוף

בשלי יחד 2—1 דקות והוסיפי:

1 ספל שקדים קלופים, קלויים וטחונים

½ כפית אבקת חרדל

½ כפית פפריקה מתוקה

¼ כפית קורנית (thyme)

¼ כפית mace או אגוז מוסקט

⅛ כפית צפורן טחונה

1 שן שום מעוכה

הביאי לידי רתיחה ובשלי על סף הרתיחה במשך 20 דקות.

הוסיפי:

2 ספלי שמנת מתוקה

3 כפות שרי (יין ספרדי מיובא)

קורט cayenne (פפריקה חריפה)

עטרי ב:

פטרוזיליה קצוצה

ושקדים קלויים וקצוצים

ALMOND SOUP

In a soup pot, blend :

1½ T. butter
1½ T. flour

Add, stirring constantly :

1¼ liter chicken broth *(5 cups)*

Cook together, 1 or 2 minutes, and then add :

1 cup almonds, blanched, toasted and ground
½ t. dry mustard
½ t. sweet paprika
¼ t. mace or nutmeg
¼ t. thyme
⅛ t. ground cloves
1 clove garlic, crushed

Simmer gently for 20 minutes.

Add :

2 cups sweet cream
3 T. Sherry
sprinkle of cayenne pepper

Garnish with :

toasted chopped almonds
chopped parsley

קרם ארטישוק

רסקי בבלנדר :

לבבות ארטישוק מקופסת שימורים, קצוצים, לאחר סינון המים

4—6 בצלים ירוקים, קצוצים

1½ ליטר מרק עוף

1 שן שום מעוכה

בסיר מרק המיסי :

2 כפות חמאה

בזקי תוך בחישה :

3 כפות קמח

בשלי במשך דקה.

הוסיפי תוך בחישה :

תערובת הארטישוקים

½ כפית אגוז מוסקט

¼ כפית קורנית (thyme)

¼ כפית פלפל לבן

הביאי לידי רתיחה, הנמיכי הלהבה ובשלי כ־10 דקות, על אש קטנה.

הוסיפי :

½ 1—1 ספלי שמנת מתוקה

חממי המרק לטמפרטורת הגשה.

קשטי ב :

פטרוזיליה קצוצה.

ARTICHOKE CREAM

Blendor :

1 tin artichoke hearts, drained and chopped
4—6 scallions, chopped
1½ liters chicken broth *(6 cups)*
1 clove of garlic, crushed

In a soup pot, melt :

2 T. butter

Blend in :

3 T. flour

Cook for 1 minute.
Stir in :

the artichoke mixture.
½ t. nutmeg
¼ t. thyme
¼ t. white pepper

Bring to a boil and simmer for 10 minutes.
Add :

1—1½ cups sweet cream

Bring to serving temperature.
Garnish with :

chopped parsley

מרק אבוקדו

בשלי כ־5 דקות על להבה נמוכה:

½ ליטר מרק עוף

1 שן שום מעוכה

(או 2 כפות בצל קצוץ)

הוסיפי תוך בחישה:

1 ספל אבוקדו בשל

1 ספל שמנת חמוצה

1 ספל שמנת מתוקה

רסקי התערובת בבלנדר.

חממי הכל יחד.

בעת ההגשה, זרי בצל ירוק קצוץ ובזקי פפריקה.

מרק זה אפשר להגיש חם או קר.

AVOCADO SOUP

Cook together, slowly, 5 minutes:

½ liter chicken broth *(2 cups)*
1 small clove garlic, crushed
(or 2 T. finely chopped onion)

Mix with:

1 cup ripe avocado
1 cup sour cream
1 cup light cream

Blendor mixture.
Heat all together.
Serve with:

chopped scallions
paprika

Can serve hot or cold.

מרק מחית שעועית ירוקה (12 מנות)

טגני:

1 ספל בצל קצוץ

ב:

4 כפות חמאה

עד שהבצל יזהיב.

הוסיפי:

3 כפות קמח

בשלי במשך 2 — 1 דקות.

הוסיפי:

1 ק"ג שעועית ירוקה (טריה או קפואה), חתוכה לחתיכות באורך 2½ ס"מ

2½ ליטר מרק עוף

2 כפיות טאראגון

½ כפית שום מעוך

בשלי עד שהשעועית תתרכך.

רסקי המרק בבלנדר.

חממי המרק לטמפרטורת הגשה.

הוסיפי:

2 — 1½ ספלי שמנת מתוקה

בחשי היטב וחממי קלות.

בעת ההגשה קשטי ב:

פטרוזיליה קצוצה.

מרק זה אפשר להגיש חם או קר.

POTAGE HARICOTS VERTS

Saute :

1 cup onions, chopped

In :

4 T. butter

Until golden.

Add :

3 T. flour

Cook for 1—2 minutes.

Add :

1 kilo green beans, in 2½ cm. pieces ***(2 lbs./1 in.)***
(fresh or frozen)
2½ liters chicken broth ***(10 cups)***
2 t. tarragon
½ t. garlic, crushed

Cook until beans are tender.
Blendor.
Return soup to serving temperature.

Add :

1½—2 cups sweet cream

Mix well and heat briefly.
Serve garnished with :

chopped parsley

(Serves 12)

Can serve hot or cold.

מרק MAURICE

בסיר מרק המיסי :

4 כפות חמאה

הוסיפי וטגני קלות, במשך דקה או שתיים :

10 — 8 בצלים ירוקים, חתוכים לחתיכות באורך של 2½ ס"מ.
השתמשי הן בחלק הלבן והן בחלק הירוק של הבצל.

בזקי תוך כדי בחישה :

3 כפות קמח

צקי תוך בחישה :

1½ ליטר מרק עוף

הוסיפי :

1 ק"ג שעועית ירוקה, טריה או קפואה, חתוכה לחתיכות באורך של 2½ ס"מ

3 שיני שום מעוכות

בשלי בסיר ללא מכסה, עד אשר השעועית מתרככת.

רסקי המרק בבלנדר.

באם יש במרק „חוטים", סנני המרק.

חממי המרק לטמפרטורת הגשה והוסיפי :

1 ספל שמנת מתוקה

קשטי ב :

בצל ירוק קצוץ דק

פטרוזיליה קצוצה

POTAGE MAURICE

Melt in a soup pot:

4 T. butter

Add, and saute gently for a moment or two:

8—10 scallions, green and white part, cut into 2½ cm. pieces ***(1 in.)***

Stir in:

3 T. flour

Whisk in:

1½ liters chicken broth ***(6 cups)***

Add:

1 kilo fresh or frozen green beans ***(2 lbs.)***
cut into 2½ cm. pieces ***(1 in.)***

3 cloves garlic, crushed

Cook, uncovered, until the beans are tender.
Blendor the mixture.
If the soup is "stringy", strain it.
Return the soup to serving temperature.
Add:

1 cup sweet cream

Garnish with:

scallions, finely minced
parsley, chopped

„בורשט" חם

המיסי בסיר מרק:

2 כפות חמאה

הוסיפי:

1 בצל קצוץ דק

בשלי עד שהבצל יתרכך, אך הקפידי שלא ישחים.

הוסיפי:

1 ק"ג סלק קלוף וחתוך לרצועות באורך של גפרור

¼ ספל חומץ יין

2 עגבניות קלופות, סחוטות וקצוצות גס

½ ספל מרק בשר

כסי הסיר.

הביאי לידי רתיחה ובשלי על להבה נמוכה במשך 45 דקות.

הוסיפי:

1½ ליטר מרק בשר

½ ק"ג כרוב קצוץ גס

6 גבעולי פטרוזיליה

1 עלי דפנה

2 שיני שום מעוכות

מלח ופלפל לפי הטעם

הביאי לידי רתיחה ובשלי על אש קטנה 30 דקות נוספות.

בעת ההגשה בזקי:

שמיר קצוץ

הגישי בקערה נפרדת:

שמנת חמוצה מתובלת במלח.

HOT BORSCHT

In a soup pot melt :

2 T. butter

Add :

1 onion, finely chopped

Cook until soft, but do not let color.

Add :

1 kilo beets, peeled and cut into matchstick size ***(2 lbs.)***
¼ cup wine vinegar
2 tomatoes, peeled and seeded and chopped coarsely
½ cup beef broth

Cover.

Bring to a boil, and simmer for 45 minutes.

Add :

1½ liters beef broth ***(6 cups)***
½ kilo cabbage, coarsely shredded ***(1 lb.)***
6 springs of parsley
1 bay leaf
2 cloves of garlic, crushed
salt/pepper, to taste

Bring to a boil, and simmer for 30 minutes.

Serve sprinkled with :

chopped dill

Serve a bowl on the table filled with :

salted thick sour cream

מרק בראהמס

הביאי לידי רתיחה בתוך סיר:

1½ ליטר מרק בשר

1½ כפיות גרגירי קימל

המיסי בסיר מרק:

3 כפות חמאה

הוסיפי:

5 כפות קמח

בשלי תוך כדי בחישה עד שהבלילה תקבל גוון זהוב.

הוסיפי:

מרק הבשר החם. הביאי לידי רתיחה
בשיל כ־30 דקות על אש קטנה.

סנני המרק.

בעת ההגשה קשטי ב:

½ ספל כדורי גזר קטנים, מבושלים

½ ספל כדורי תפו"א קטנים, מבושלים

פטרוזיליה קצוצה.

BRAHMS SOUP

In a pot, bring to a boil :

1½ liters beef broth *(6 cups)*
1½ t. caraway seed

Melt, in a soup pot :

3 T. butter

Add :

5 T. flour

Cook, stirring until golden.
Add :

the hot beef broth

Bring to the boil.
Simmer for 30 minutes.
Strain.
Garnish with :

½ cup cooked small carrot balls
½ cup cooked small potato balls
chopped parsley

מרק קרם ברוקולי

טגני טיגון קל:

1 פלפל ירוק קלוף וקצוץ

⅓ ספל בצל קצוץ

ב:

4 כפות חמאה

טגני עד אשר הבצל יהיה שקוף ורך.

הוסיפי:

3 ספלי ברוקולי קצוץ דק (טרי או קפוא)

½ ליטר מרק עוף

כסי הסיר.

הביאי לידי רתיחה. הקטיני האש ובשלי על להבה נמוכה עד שהברוקולי יתרכך.

רסקי המרק בבלנדר.

צקי המרק בחזרה לסיר וחממי לטמפרטורת הגשה.

צקי למרק תוך כדי בחישה:

1 ספל שמנת מתוקה

מעט חלב כדי לדלל את המרק

1½ כפיות אבקת קרי

מלח ופלפל לפי הטעם

בעת ההגשה קשטי ב:

1 כף שמנת חמוצה

בצל ירוק קצוץ

מרק זה אפשר להגיש חם או קר.

CREAM OF BROCCOLI SOUP

Saute :

1 green pepper, peeled and chopped
1/3 cup onion, chopped

In :

4 T. butter

Until onion is transparent and soft.
Add :

3 cups finely chopped broccoli, fresh or frozen
1/2 liter chicken broth ***(2 cups)***

Cover.
Bring to a boil and simmer until broccoli is tender.
Blendor.
Return to the pot and heat to serving temperature.
Stir in :

1 cup sweet cream
enough milk to thin soup
1 1/2 t. curry powder
salt and pepper, to taste

Garnish with :

dollop of sour cream
scallions, chopped

Can serve hot or cold.

מרק חום

המיסי בסיר מרק:

6 כפות חמאה

בזקי תוך כדי בחישה:

8 כפות קמח

בשלי על אש בינונית עד שהקמח ישחים (הקפידי שלא יחרך).

צקי תוך כדי בחישה:

2 ליטר מרק בשר

בחשי עד אשר המרק חלק וללא גושים.

הוסיפי:

קומץ גדול של אגוז מוסקט

קומץ גדול של גרגירי קימל

בשלי על להבה נמוכה במשך 45 דקות.

הוסיפי:

¼ ספל שמנת מתוקה

בשלי על אש קטנה כ־15 דקות נוספות.

הגישי המרק עם:

קוביות לחם קלויות

וגבינה מרוסקת.

BROWN SOUP

In a soup pot, melt :

6 T. butter

Stir in :

8 T. flour

Cook over medium heat until a rich brown.
Do not burn.
Slowly whisk in:

2 liters beef broth ***(8 cups)***

Stir until smooth.
Add :

big pinch nutmeg
big pinch caraway seeds

Cook over low heat for 45 minutes.
Add :

¼ cup sweet cream

Simmer 15 minutes longer.
Serve with :

toasted croutons
grated cheese

מרק כרוב

המיסי:

2 **כפות חמאה**

הוסיפי:

100 **ג' בשר מענשן** חתוך לקוביות

השחימי קלות.

הוסיפי:

1 **ראש כרוב גדול**, קצוץ לחתיכות גדולות (הסירי קלח הכרוב והעורקים הקשים, העציים. השתמשי אך ורק בחלקים העדינים של עלי הכרוב)

1 **בצל** קצוץ גס

ערבבי היטב.

בשלי מספר דקות.

בזקי:

2 כפות קמח

הוסיפי תוך כדי בחישה:

3 ליטר מרק עוף

קומץ גדול אגוז מוסקט

קומץ קנמון

הביאי לידי רתיחה. הקטיני האש ובשלי על להבה נמוכה במשך 45 דקות. אדוי הנוזלים ישבח טעמו של המרק.

טרפי יחד:

1 ספל שמנת מתוקה

2 חלמונים

שפכי מעט מהמרק החם לבלילת הביצים וצקי התערובת בחזרה למרק תוך כדי בחישה נמרצת. חממי לטמפרטורת הגשה.

צקי המרק לקערות עמוקות שבתחתיתן הונחה פרוסה דקה של לחם צרפתי קלוי.

CABBAGE SOUP

Melt :

2 T. butter

Add :

100 grams *(4 oz.)* smoked meat, diced

Let it brown a little.

Add :

1 large cabbage, core and heavy ribs removed, coarsely chopped

1 onion, coarsely chopped

Stir well.

Cook for a few minutes.

Sprinkle with :

2 T. flour

Blend in :

3 liters chicken broth *(12 cups)*

big pinch of nutmeg

pinch of cinnamon

Bring to a boil ; simmer for 45 minutes.

Should be reduced enough to be flavorful.

Mix together :

1 cup sweet cream

2 egg yolks

Add some of the hot soup to the mixture to heat.

Stir into soup. Heat to serving temperature.

Pour into soup bowl.

Put into each bowl :

thin slice of toasted French bread

(Serves 12)

CANJA

המיסי בסיר מרק:

3 כפות חמאה

הוסיפי:

1 בצל גדול, קצוץ דק

3 שיני שום מעוכות

בשלי על אש קטנה עד שהבצל יתרכך. הקפידי לא להשחים הבצל.

הוסיפי:

4 כפות בשר מעושן, חתוך לחתיכות קטנות

½ ספל אורז מבושל

2 ליטר מרק עוף

3 גבעולי פטרוזיליה

3 עלי דפנה שלמים

1 כפית מיורן

2 גבעולי סלרי (עם העלים), קצוצים דק

1 ספל חזה עוף, חתוך לרצועות באורך של גפרור

הביאי לידי רתיחה. הנמיכי הלהבה ובשלי 20 דקות על אש קטנה.

הוציאי מהמרק:

גבעולי הפטרוליזיה ועלי הדפנה

הוסיפי:

2 כפות יין שרי (יין ספרדי מיובא)

שימי בכל צלחת פרוסת לחם קלוי מרוחה בחמאת שום.

CANJA

In a soup pot melt :

3 T. butter

Add :

1 large onion, finely chopped
3 cloves garlic, crushed

Cook on a low fire until onions are soft ; do not allow them to brown.

Add :

4 T. smoked meat, finely chopped
½ cup cooked rice
2 liters chicken broth ***(8 cups)***
3 sprigs parsley
3 whole bay leaves
1 t. marjoram
2 stalks of celery (with leaves), chopped finely
1 cup breast of chicken, cut the size of matchsticks

Simmer for 20 minutes.

Remove :

parsley sprigs and bay leaves

Add :

2 T. Sherry

Serve with :

slices of garlic bread, toasted

מרק גזר

תני בסיר מרק:

9 גזרים קלופים וחתוכים לפרוסות דקות
3 גבעולי סלרי פרוסים לרצועות דקות
1 בצל קטן חתוך לפרוסות דקות
1 עלה דפנה
2 חתכות צפורן
¾ ליטר מרק עוף

הביאי לידי רתיחה, הקטיני הלהבה ובשלי על אש בינונית
עד שהירקות יתרככו.
רסקי המרק בבלנדר.
הוסיפי תוך בחישה:

½ ספל שמנת מתוקה
2 כפות פטרוזיליה קצוצה
מלח ופלפל לפי הטעם
מספר טיפות טבסקו

חממי והגישי בתוספת קוביות קטנות של לחם קלוי, מרוחות בחמאת שום.
מרק זה אפשר להגיש חם או קר.

CARROT SOUP

Combine in a soup pot:

9 carrots, cleaned and sliced thinly
3 stalks of celery, thinly sliced
1 small onion, thinly sliced
1 bay leaf
2 whole cloves
¾ liter chicken broth *(3 cups)*

Bring to a boil and cook over moderate heat until the vegetables are tender.
Blendor.
Stir in:

½ cup sweet cream
2 T. chopped parsley
salt and pepper, to taste
Tabasco, a few drops

Return to the pot and heat to serving temperature.
Serve garnished with:

small garlic croutons

Can serve hot or cold.

מרק "CREAM GEORGETTE" (מרק סלרי)

בסיר מרק בשלי:

3 ספלי סלרי קצוץ לרצועות (ללא העלים)

1 ספל בצל חתוך לפרוסות

ב:

2 כפות חמאה

בשלי על אש קטנה במשך 10 דקות.

הוסיפי:

1½ ליטר מרק עוף

½ כפית טאראגון

½ כפית **chervil**

½ כפית **summer savory**

הביאי לידי רתיחה, הקטיני האש ובשלי על להבה נמוכה במשך 25 דקות.

רסקי המרק בבלנדר.

הוסיפי תוך כדי בחישה:

½ ספל שמנת מתוקה

מלח ופלפל לפי הטעם

עטרי ב:

פטרוזיליה קצוצה

וסלרי קצוץ (עם העלים).

CREME GEORGETTE

In a soup pot, cook :

3 cups sliced celery, without leaves
1 cup sliced onions

In :

2 T. butter

On a low heat for 10 minutes.
Add :

1½ liters chicken broth ***(6 cups)***
½ t. tarragon
½ t. chervil
½ t. summer savory

Bring to a boil ; simmer for 25 minutes.
Blendor.
Stir in :

½ cup sweet cream
salt and pepper, to taste

Garnish with :

chopped parsley
chopped celery, with leaves

מרק גבינה

המיסי בסיר מרק:

3 כפות חמאה

הוסיפי:

3 כפות בצל קצוץ

3 כפות גזר מגורר

בשלי על להבה נמוכה במשך 10 דקות.

הוסיפי:

1 ליטר מרק עוף

½ כפית אבקת חרדל

½ כפית פפריקה

הביאי לידי רתיחה. הנמיכי הלהבה ובשלי על אש קטנה כ־15 דקות.

הכיני בלילה חלקה מ:

¼ ספל חלב קר

2 כפות קורנפלור (עמילן תירס)

צקי הבלילה למרק, תוך כדי בחישה מתמדת, בעודו מתבשל על אש קטנה. בשלי כ־5 דקות.

הוסיפי:

1 ספל שמנת מתוקה

1 ספל גבינה חריפה מרוסקת (צ'דר או גד)

בחשי עד אשר הגבינה נמסה.

תבלי במלח ופלפל.

זרי פטרוזיליה קצוצה בעת ההגשה.

CHEESE SOUP

In a soup pot, melt :

3 T. butter

Add :

3 T. onion, minced
3 T. carrot, grated

Cook over low heat for 10 minutes.
Add :

1 liter chicken broth *(4 cups)*
½ t. dry mustard
½ t. paprika

Simmer for 15 minutes.
Make a smooth mixture of :

¼ cup cold milk
2 T. cornflour (cornstarch)

Pour into the broth.
Cook over a low flame, stirring constantly, for 5 minutes.
Add :

1 cup sweet cream
1 cup sharp cheddar cheese, grated (use Gad cheese)

Stir until melted.
Add :

salt and pepper, to taste

Serve garnished with :

chopped parsley

מרק רומאי

טרפי היטב:

3 ביצים

הוסיפי תוך בחישה:

2 כפות גבינת פרמזן מרוסקת

2 כפות פטרוזיליה קצוצה

הביאי לידי רתיחה:

1½ ליטר מרק עוף

צקי למרק את בלילת הביצים והגבינה תוך כדי בחישה נמרצת בעזרת מזלג.
בשלי המרק במשך מספר דקות, עד אשר תערובת הביצים והגבינה נקרשת ונראית כמו חוטים במרק.

עטרי ב:

פטרוליזיה קצוצה.

הגישי מיד.

ROMAN SOUP

Beat well :

3 eggs

Stir in :

2 T. grated Parmesan cheese
2 T. minced parsley

Bring to a boil :

1½ liters chicken broth ***(6 cups)***

Stir the egg-mixture in with a large fork.
Cook soup for a few minutes until the egg-mixture firms into "threads" in the soup.
Serve immediately, garnished with :

chopped parsley

מרק עוף בנוסח ישן

קחי:

עוף שמשקלו 3—2½ קילו

או 2 עופות שמשקל כל אחד מהם 2 — 1½ ק"ג

רחצי ונקי העופות. הסירי השומן המיותר.

שימי העוף בתוך סיר מרק עם:

4 ליטר מים קרים

2 בצלים בגודל בינוני

4 חתיכות צפורן (נעוצות בתוך הבצלים)

הביאי לידי רתיחה.

בשלי על אש בינונית כשעה וחצי.

הוסיפי:

1 כף מלח

2 גזרים חתוכים לרבעים

3 גבעולי סלרי עם העלים

3 כרישות קטנות (השתמשי רק בחלק הלבן)

6 גבעולי פטרוזיליה

2 גבעולי שמיר

כסי הסיר. בשלי שעה נוספת על גבי אש קטנה.

הוציאי העוף מהסיר וסנני המרק.

OLD FASHIONED CHICKEN SOUP

Take a:

2½ – 3 kilo chicken, or
2 – 1½ kilo chickens ***(total of 5½ – 6½ lbs.)***

Wash and clean; remove all surplus fat.
Put into a soup pot with:

4 liters of cold water ***(16 cups)***
2 medium onions
4 whole cloves (stick into the onions)

Bring to a boil.
Cook over medium heat 1½ hours.
Add:

1 T. salt
2 carrots, cut in quarters
3 stalks of celery, leaves too
3 small leeks, white part only
6 sprigs parsley
2 sprigs fresh dill

Cover. Cook at low heat for 1 hour more.
Remove chicken and strain the soup.

כופתאות קמח מצה של אמליה בורסון

טרפי יחד:

3 חלמונים

1⅔ ספלי מים פושרים

1 כפית מלח

הוסיפי תוך כדי בחישה מתמדת:

2 כפות שומן עוף נוזלי

הוסיפי:

1¾ ספלי קמח מצה

ערבבי היטב.

הבליעי פנימה בעדינות אך היטב:

3 חלבונים מוקצפים לקצף חזק

צנני התערובת במקרר במשך שעה לפחות.

הביאי לידי רתיחה:

12 — 6 ספלי מרק עוף

לחלחי ידיך, כדי שהתערובת לא תדבק לידיך וצרי כופתאות בגודל של כדור פינג פונג.

שימי הכופתאות במרק הרותח.

לאחר הוספת כל הכופתאות למרק, כסי הסיר ובשלי במשך 15 דקות.

ברגע שהכופתאות מוכנות הן מתנפחות וצפות על פני המרק.

תני בכל צלחת מרק 2—1 כופתאות וצקי עליהן את המרק.

AMELIA BURSON'S MATZO BALLS

Beat together:

3 egg yolks
1⅔ cups warm water
1 t. salt

Beat in:

2 T. liquid chicken fat

Add:

1¾ cups matzo meal

Mix well.

Fold in gently, but well:

3 egg whites, stiffly beaten

Chill mixture in refrigerator at least 1 hour.

Bring to a boil:

6—12 cups chicken soup

Dampen your hands to keep the mixture from sticking, and form into balls the size of golf balls. Drop into the briskly simmering soup.

When all the balls have been added, cover the pan and cook for about 15 minutes.

The Matzo Balls will swell and rise to the top when they are done.

Put a ball or two into each soup bowl, and add the broth.

מרק עוף עם בצקניות

הכנת הבצק לבצקניות —

ערבבי בקערה בעזרת מזלג:

1 ביצה טרופה

3½ כפות חמאה רכה

⅓ ספל קמח

קומץ גדול אגוז מוסקט

קומץ גדול מלח

בצק זה צריך לעמוד 30 דקות.

המיסי בסיר מרק:

4 כפות חמאה

הוסיפי תוך בחישה:

3 כפות קמח

צקי תוך בחישה איטית:

1½ ליטר מרק עוף

בשלי עד שהמרק יסמיך מעט ויהיה חלק ללא גושים.

הוסיפי:

½ ק"ג אפונה עדינה, טריה או קפואה

בשלי עד אשר האפונה תתרכך.

הביאי לידי רתיחה.

תני בתוך המרק, ½ כפית בכל פעם, מבצק הבצקניות.

הנמיכי הלהבה, בשלי במשך 10 דקות או עד אשר הבצקניות תתרככנה.

קשטי ב:

פטרוזיליה קצוצה

CHICKEN DUMPLING SOUP

Make dumpling dough –
Mix in a bowl and then work with a fork:

1 egg, beaten
3½ T. soft butter
⅓ cup flour
big pinch of nutmeg
big pinch of salt

Let this dough stand for 30 minutes.
In a soup pot melt:

4 T. butter

Blend in:

3 T. flour

Slowly, whisk in:

1½ liters chicken broth *(6 cups)*

Cook until smooth and lightly thickened.
Add:

½ kilo young peas, fresh or frozen *(1 lb.)*

Cook until just tender.
Bring to a boil.
Drop in the dumplings by half-teaspoonful.
Reduce the heat.
Cook gently for 10 minutes or until tender.
Serve garnished with:

chopped parsley

מרק עוף „הרים מוריקים"

בסיר מרק המיסי:

4 כפות חמאה

הוסיפי ובשלי עד שיתרככו, אך לא יחרכו:

4 כפות בצל קצוץ

4 כפות סלרי

הוסיפי תוך בחישה:

4 כפות קמח

בשלי 3—2 דקות. הקפידי לא להשחים הבצל.

הוסיפי:

1 ליטר מרק עוף

1 ספל חזה עוף חתוך לרצועות

בשלי בישול איטי במשך 20 דקות.

הוסיפי:

2 ספלי שמנת מתוקה

¼ ספל זיתים ירוקים ממולאים, התוכים לפרוסות

¼ ספל זיתים שחורים, חתוכים לרצועות

חממי המרק לטמפרטורת הגשה.

קשטי ב:

פטרוזיליה קצוצה

בצל ירוק קצוץ.

GREEN MOUNTAIN CHICKEN SOUP

In a soup pot, melt:

4 T. butter

Add, and cook until tender, but not brown:

4 T. chopped onion
4 T. chopped celery

Stir in:

4 T. flour

Cook without coloring for 2—3 minutes.
Add:

1 liter chicken broth ***(4 cups)***
1 cup slivered chicken breast

Cook gently for 20 minutes.
Add:

2 cups sweet cream
¼ cup stuffed green olives, sliced
¼ cup slivered black olives

Bring to serving temperature.
Serve garnished with:

chopped parsley
chopped scallions

מרק CHIFFON

המיסי בסיר מרק:

2 כפות חמאה

הוסיפי:

6 בצלים ירוקים קצוצים

בשלי יחד, מבלי להשחים, במשך דקה או שתיים.

הוסיפי:

2 ספלי סלרי קצוץ לרצועות דקות

2 ספלי אפונה עדינה, טריה או קפואה

1 כפית טאראגון

1 כפית מנטה

1¾ ליטר מרק עוף

בשלי עד אשר הירקות יתרככו.

עטרי־ב:

פטרוזיליה קצוצה

מעט עלי מנטה רעננים, קצוצים

CHIFFON SOUP

Melt in a soup pot:

2 T. butter

Add:

6 scallions, chopped

Cook together, without coloring for 1—2 minutes.
Add:

2 cups celery, sliced thinly
2 cups young peas, fresh or frozen
1 t. tarragon
1 t. mint
1¾ liters chicken broth ***(7 cups)***

Cook until vegetables are just tender.
Serve garnished with:

chopped parsley
a bit of chopped fresh mint

מרק "MERCEDES"

חממי בסיר מרק:

1 ליטר מרק עוף

הוסיפי:

1 ספל פלפל אדום, חתוך לרצועות באורך של גפרור

2 כפות פלפל ירוק, חתוך לרצועות

1 ספל יין שרי (יין ספרדי מיובא)

חממי לטמפרטורת הגשה ובשלי על סף הרתיחה, עד אשר הפלפלים יאבדו את מראם הרענן והפריך.

בעת ההגשה קשטיב:

פטרוזיליה קצוצה

עירית קצוצה או בצל ירוק קצוץ.

SOUP MERCEDES

Heat in a soup pot:

1 liter chicken broth ***(4 cups)***

Add:

1 cup red peppers (gamba), slivered into matchstick size

2 T. green peppers, cut the same

1 cup medium sherry

Bring to serving temperature and simmer until the peppers lose their raw look.

Serve garnished with:

chopped parsley

chopped chives, or green of scallions

(Serves 4—6)

מרק קרם תירס

תני בתוך סיר כבד:

3 ספלי תירס

3 ספלי שמנת מתוקה

1 בצל בגודל בינוני, חתוך לפרוסות

הביאי לידי רתיחה. הנמיכי הלהבה ובשלי על סף הרתיחה כ־30 דקות (הקפידי שלא ירתח).

רסקי את הירקות והשמנת ב„מולי".

החזירי הנוזלים לסיר נקי.

הוסיפי:

2 כפות חמאה

מלח ופלפל לפי הטעם

קומץ גדול של **cayenne** (**פפריקה חריפה**)

במידה והמרק סמיך, אפשר לדללו ע"י הוספת שמנת מתוקה או ע"י הוספת כמות שווה של שמנת וחלב.

בעת ההגשה בזקי:

פפריקה

לגוון המרק הוסיפי:

1 כפית אבקת קארי

קשטי ב:

פטרוזיליה קצוצה

מרק זה אפשר להגיש חם או קר.

CREAM OF CORN SOUP

Put into a heavy pot :

3 cups yellow corn
3 cups sweet cream
1 medium onion, sliced

Bring to a boil, but do not let it boil.
Simmer over low heat for 30 minutes.
Put the vegetables and cream through a "Mouli".
Return the liquid to a clean pot.
Add :

2 T. butter
salt and pepper, to taste
a big pinch of cayenne pepper

If too thick, thin with :

more sweet cream
(or ½ milk and ½ sweet cream)

Serve sprinkled with :

paprika

To vary , add :

1 t. curry powder

Garnish with :

chopped parsley

Can serve hot or cold.

מרק מלפפונים ותרד

בסיר מרק, טגני טגון קל :

8—6 בצלים ירוקים, קצוצים

2 כפות חמאה

עד שיתרככו.

הוסיפי :

¾ ליטר מרק עוף

4 ספלי מלפפונים חתוכים לקוביות (עם הקליפה, במדה והקליפה דקה)

1 ספל תרד קצוץ

½ ספל תפו"א חתוכים לקוביות (עם הקליפה, במדה ותפו"א צעירים)

½ כפית מלח

½ כפית פלפל

1 כף מיץ לימון

הביאי לידי רתיחה, הקטיני הלהבה ובשלי על אש קטנה, עד שת"א יתרככו.

רסקי המרק בבלנדר

במידה ויש חוטים במרק, בגלל התרד, סנני המרק.

חממי המרק לטמפרטורת הגשה.

הוסיפי תוך בחישה :

1½ — 1 ספלי שמנת מתוקה

קשטי ב :

פרוסות מלפפון דקות

ובצל ירוק קצוץ.

מרק זה אפשר להגיש חם או קר.

CUCUMBER – SPINACH SOUP

In a soup pot, saute :

6—8 scallions, sliced

In :

2 T. butter

Until softened.

Add :

¾ liter chicken broth *(3 cups)*
4 cups diced cucumber, unpeeled if skins are thin
1 cup chopped spinach
½ cup diced potatoes, unpeeled if young
½ t. salt
½ t. pepper
1 T. lemon juice

Simmer until potatoes are tender.
Blendor soup.
Strain, if the spinach has made the soup "stringy".
Return the soup to serving temperature.
Stir in :

1—1½ cups cream

Garnish with :

thin slices of cucumber
chopped scallions

Can serve hot or cold.

מרק מלכותי

תני בסיר מרק:

2 ספלי סלרי חתוך לקוביות
1 ספל גזר חתוך לפרוסות
1 עלה דפנה
1 כפית קורנית **(thyme)**
3 גבעולי פטרוזיליה
1½ ליטר מרק עוף

הביאי לידי רתיחה, הנמיכי הלהבה ובשלי על אש קטנה עד שהירקות יתרככו.

בסיר קטן ערבבי יחד:

3 כפות חמאה מומסת
3 כפות קמח

בחשי היטב ובשלי במשך דקה.

הוסיפי באיטיות:

2 ספלי חלב מחומם

בשלי הרוטב במשך כ־5 דקות תוך כדי בחישה מתמדת.
צקי הרוטב לסיר עם הירקות.
בשלי המרק במשך 15 דקות, על גבי אש קטנה.
רסקי המרק בבלנדר.

הקציפי קלות:

1 ספל שמנת מתוקה.

הבליעי פנימה:

2 חלמוני ביצים טרופים קלות

צקי התערובת למרק החם, תוך בחישה.

הוסיפי:

¼ כפית פלפל לבן
¼ כפית אגוז מוסקט

הגישי עם קוביות לחם קלוי.
כדורים קטנים של גבינת רוקפור, עטופים בפטרוזיליה קצוצה.

POTAGE LE ROI

Put into a soup pot :

2 cups diced celery
1 cup sliced carrots
1 bay leaf
1 t. thyme
3 sprigs parsley
1½ liters chicken broth ***(6 cups)***

Bring to a boil and simmer until vegetables are tender.
In another saucepan, stir :

3 T. butter, melted
3 T. flour

Until blended — cook for 1 minute.
Add gradually :

2 cups milk, scalded

Cook sauce for 5 minutes, stirring constantly.
Stir sauce into the vegetable mixture.
Simmer soup for 15 minutes.
Blendor.
Lightly whip :

1 cup sweet cream

Fold in :

2 egg yolks, lightly beaten

Stir into the hot soup with :

¼ t. white pepper
¼ t. nutmeg

Serve with :

croutons
tiny balls of any blue cheese rolled in parsley

(Serves 8)

„מליגטוני"

השחימי:

עוף שמשקלו 1½—1 ק"ג, חתוך לחתיכות

ב:

4 כפות חמאה

הוציאי נתחי העוף מהמחבת, לאחר שהשחימו קלות והוסיפי:

¼ ספל בצל קצוץ

¼ ספל גזר קצוץ

¼ ספל סלרי קצוץ

2 תפוחי עץ חמוצים, קצוצים

בשלי עד שהירקות ישחימו קלות.

בזקי תוך בחישה:

1 כף קמח

1½ כפיות קארי

ערבבי היטב והוסיפי:

2 ליטר מים קרים

בחשי עד שהמרק יעשה חלק והוסיפי:

1 ספל עגבניות חתוכות לקוביות

2 חתיכות צפורן

½ פלפל ירוק, קצוץ דק

1 כף מלח

¼ כפית אגוז מוסקט או (mace)

¼ כפית פלפל

1 כף פטרוזיליה קצוצה

הביאי לידי רתיחה, כסי הסיר ובשלי על אש קטנה, עד אשר העוף יתרכך.

בערך 1½ — 1 שעות.

הוציאי העוף מהמרק.

רסקי המרק ב„מולי".

חממי המרק לטמפרטורת הגשה.

קשטי ב:

1½ ספלי בשר עוף חתוך לקוביות

רצועות דקות של עגבניה קלופה

פטרוזיליה קצוצה

MULLIGATAWNY

Brown :

1—1½ kilo chicken, cut in pieces *(2-3¼ lbs.)*

In :

4 T. butter

When colored, remove chicken from pan and add :

¼ cup onions, chopped
¼ cup carrots, chopped
¼ cup celery, chopped
2 sour apples, chopped

Cook until slightly browned.

Stir in :

1 T. flour
1½ t. curry powder

Blend well and add :

2 liters cold water *(8 cups)*

Stir until smooth and add :

1 cup diced tomato
2 whole cloves
½ green pepper, chopped fine
1 T. salt
¼ t. nutmeg or mace
¼ t. pepper
1 T. parsley, chopped

Bring to a boil. Cover. Cook slowly until the chicken is tender, about 1—1½ hours.

Remove chicken from pot. "Mouli" the soup.

Return soup to serving temperature.

Garnish with :

1½ cups diced chicken meat
thin slivers of peeled tomatoes
chopped parsley

מרק מחית חצילים

קלפי, הסירי הגבעול וחתכי לקוביות בגודל 2 ס״מ:

1 ק״ג חצילים

טגני טגון קל:

1 ספל בצל קצוץ

ב:

6 כפות חמאה

בשלי עד אשר הבצל יתרכך. הקפידי לא להשחים הבצל.

בזקי תוך ערבוב:

2½ כפיות אבקת קארי

הוסיפי:

החצילים החתוכים

ו־1½ ליטר מרק עוף

ערבבי היטב והביאי לידי רתיחה.

כסי הסיר ובשלי על אש קטנה במשך כשעה.

רסקי המרק בבלנדר.

סנני המרק.

הוסיפי:

1½ ספלי שמנת מתוקה

מלח ופלפל לפי הטעם

בעת ההגשה קשטי ב:

עגבניה קצוצה או גמבה קצוצה

בצל ירוק קצוץ

פטרוזיליה קצוצה

מרק זה אפשר להגיש חם או קר.

POTAGE AUBERGINE

Trim, peel and cut in 2 cm cubes *(¾-1 inch)*:

1 kilo eggplant *(2 lbs.)*

Saute:

1 cup chopped onion

In:

6 T. butter

Cook until soft but not browned.

Stir in:

2½ t. curry powder

Add:

the eggplant
1½ liters chicken broth *(6 cups)*

Mix well and bring to a boil.
Cover and cook on a low heat for 1 hour.
Blendor.
Strain.
Add:

1½ cups sweet cream
salt and pepper, to taste

Serve garnished with:

chopped pieces of tomato or pimento
scallions, chopped
chopped parsley

Can serve hot or cold.

מרק TURINO (מרק חצילים)

קלפי, הסירי הגבעול וחתכי לקוביות בגודל 2 ס"מ:

2 ספלי חצילים
1 פלפל ירוק
3 גבעולי סלרי ללא העלים

טגני טגון קל:

6 כפות בצל ירוק קצוץ דק

ב:

6 כפות חמאה

במשך 2—1 דקות.

הוסיפי:

הירקות החתוכים
½ כפית קורנית (thyme)
2 שיני שום מעוכות
4 עגבניות בגודל בינוני קלופות, סחוטות וקצוצות לחתיכות בגודל של 1 ס"מ.

בשלי כ־10 דקות על אש קטנה עד בינונית.

הוסיפי:

1 ליטר מרק עוף

הביאי לידי רתיחה. הנמיכי הלהבה ובשלי על אש קטנה 20 דקות נוספות.

הגישי בנפרד:

קערה עם גבינת פרמזן מרוסקת

כדי לקבל מרק עדין יותר, אפשר לרסק המרק בבלנדר.

SOUP TURINO

Trim, peel and cut into 2 cm. cubes ***(3/4-1 inch)*** :

2 cups eggplant
1 sweet green pepper
3 stalks of celery, without leaves

Saute :

6 T. scallions, minced

In :

6 T. butter

For 1—2 minutes.
Add :

cut vegetables
1/2 t. tyme
2 cloves garlic, crushed
4 medium tomatoes, peeled, seeded, and chopped into 1 cm. pieces ***(1/2 inch)***

Cook on a medium-low flame for 10 minutes.
Add :

1 liter chicken broth ***(4 cups)***

Heat to the boil ; reduce flame and simmer 20 minutes.
Serve with :

a bowl of grated Parmesan cheese

You may also puree this soup in a blendor to make a more delicate soup.

מרק דגים

תני בתוך סיר מרק:
1½ ק"ג עצמות וראשי דגים
2 ליטר מים קרים
1 כפית (fennel seed)
הביאי לידי רתיחה.
הנמיכי הלהבה ובשלי 30 דקות על אש קטנה.
סנני המרק.
טגני טגון קל:
1 ספל בצל קצוץ
½ ספל פטרוזיליה קצוצה
ב:
6 כפות חמאה
טגני עד אשר הבצל יתרכך. הקפידי לא להשחים הבצל.
בזקי תוך בחישה:
3 כפות קמח
בחשי היטב ובשלי במשך 2 — 1 דקות נוספות.
הוסיפי:
מרק הדגים המסונן
1 חבילת תרד קפוא טחון
8 שיני שום גדולות מעוכות
קינמון, צפורן וזנגביל — ¼ כפית מכל מין
½ כפית כמון
½ כפית רוזמרי
1½ כפיות קארי
בשלי 30 דקות.
עטרי ב:
בצל ירוק קצוץ

FISH SOUP

In a soup pot place :

1½ kilos fish bones and heads *(3¼ lbs.)*
2 liters cold water *(8 cups)*
1 t. fennel seeds

Bring to a boil.
Lower heat and simmer for 30 minutes.
Strain.
Saute :

1 cup onion, chopped
½ cup chopped parsley

In :

6 T. butter

Untill the onion is soft, but not browned.
Stir in :

3 T. flour

Mix well and cook for a minute or two.
Add :

the strained fish broth
1 package frozen chopped spinach
8 large cloves garlic, crushed
¼ t. each cinnamon, cloves, ginger
½ t. cumin
½ t. rosemary
1½ t. curry powder

Cook for 30 minutes.
Garnish with :

chopped scallions

מרק שום קליפורני

בסיר מרק הביאי לידי רתיחה:

1½ ליטר מרק בשר
2 כפות גרגירי כמון

הוסיפי:

6 כפות פטרוזיליה קצוצה דק
12 שיני שום מעוכות

הנמיכי הלהבה ובשלי 10 דקות, על אש קטנה.

בקערה קטנה טרפי:

3 חלמונים
מלח ופלפל

צקי מעט מרק חם לתערובת החלמונים הטרופים.

הוסיפי את בלילת החלמונים למרק החם, תוך בחישה מתמדת.

קשטי ב:

פטרוזיליה קצוצה נוספת

CALIFORNIA GARLIC SOUP

In a soup pot heat to boiling:

$1\frac{1}{2}$ liters beef broth *(6 cups)*
2 T. cumin seed

Add:

6 T. parsley, chopped finely
12 cloves garlic, crushed

Simmer for 10 minutes.
Beat in a bowl:

3 eggs
salt and pepper, to taste

Add some of the beef broth to the egg mixture to heat the eggs.
Stir the egg mixture into the hot soup, whisking while pouring the whole time.
Garnish with:

more chopped parsley

מרק שום ספרדי

טגני טגון קל:

3 כפות בשר מעושן

ב:

3 כפות חמאה

עד שיזהיב.

הוציאי מהסיר והוסיפי:

3 כפות שמן זית

בתוך תערובת זו של חמאה ושמן זית, טגני טגון קל:

4 פרוסות לחם צרפתי ללא הקרום, אשר בזקת עליהן 2 כפיות פפריקה.

טגני עד שישחימו קלות.

חתכי הלחם לחתיכות קטנות.

ערבבי עם:

¼ ספל פטרוזיליה קצוצה

2 עגבניות קלופות וסחוטות

2 כפות חומץ יין

½ כפית כמון

3 שיני שום חתוכות לפרוסות

½ ספל מרק עוף

רסקי תערובת זאת בבלנדר. אל תרסקי כל הכמות בפעם אחת, אלא בחלקים.

הוסיפי התערובת המרוסקת ל:

1 ליטר מרק עוף חם

הביאי לידי רתיחה. הנמיכי הלהבה ובשלי כ־30 דקות, על אש קטנה.

צקי המרק לקעריות קטנות והוסיפי לכל קערית:

פרוסה עבה של ביצה קשה

או ביצה עלומה

בזקי:

פטרוזיליה קצוצה.

SPANISH GARLIC SOUP

Saute :

3 T. chopped smoked meat

In :

3 T. butter

Until golden.

Remove meat, and add to pan:

3 T. olive oil

In this oil mixture saute :

4 slices French bread, crusts removed and sprinkled with 2 t. paprika.

Until lightly toasted.

Pull bread into small pieces.

Mix with :

¼ cup chopped parsley
2 tomatoes, peeled and seeded
2 T. wine vinegar
½ t. cumin
3 cloves garlic, sliced
½ cup chicken broth

Blendor the mixture in batches.

Add it to :

I liter hot chicken broth *(4 cups)*

Simmer for 30 minutes.

Divide soup into serving bowls and add :

1 thick slice of hard-boiled egg
or
1 poached egg

Sprinkle with :

chopped parsley

מרק GULYAS (מרק גולש)

טגני עד שיעשה פריך :

½ ספל **בשר מעושן**, חתוך לקוביות

ב :

3 כפות חמאה

הוציאי בשר המטוגן מהסיר והוסיפי :

2 ספלי בצל קצוץ דק

טגני עד אשר הבצל יזהיב. הוציאי הבצל מהסיר והוסיפי :

½ ק"ג בשר חתוך לקוביות בגודל 1×1 ס"מ

טגני עד שהבשר ישחים.

החזירי בשר והבצל המטוגנים לסיר ובזקי :

2 כפות קמח

1 כף פפריקה מתוקה

ערבבי היטב ובשלי עד שהקמח יספג.

הוסיפי :

1 כפית גרגירי קימל

1 כפית מיורן

1 עלה דפנה

2 כפות חומץ יין

1½ ליטר מרק בשר

כסי הסיר ובשלי כשעה ורבע על אש קטנה.

הגישי עם :

מספר בצקניות (spatzle) מבושלות, בכל קערית

GULYA'S (GOULASH) SOUP

Saute briefly until crisp:

½ cup smoked meat, diced

In:

3 T. butter

Remove meat from pan and add:

2 cups finely chopped onion

Saute until the onion is golden; remove from pan.
Add:

½ kilo beef, in 1 cm. cubes ***(1 lb./½ inch)***

Cook until browned.
Return onions and smoked meat to pan, with:

2 T. flour
1 T. sweet paprika

Stir well and cook until flour is absorbed.
Add:

1 t. caraway seeds
1 t. marjoram
1 bay leaf
2 T. red wine vinegar
1½ liters beef broth ***(6 cups)***

Cover; cook at a simmer for 1¼ hours.
Serve with:

a few cooked spatzle per bowl.

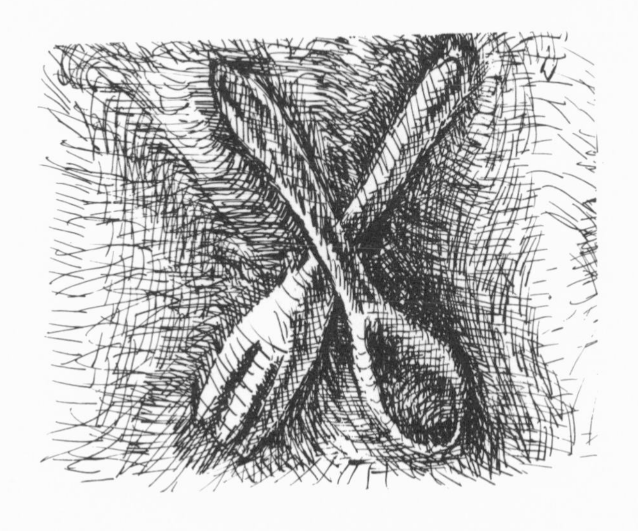

בצקניות SPATZLE למרק

ערבבי בקערה:

1 ספל קמח

1 כפית מלח

טרפי בתוך ספל:

1 ביצה

¼ ספל חלב

ערבבי יחד את שתי התערובות.
כסי הקערה.
שמרי הקערה במקרר למשך 30 דקות לפחות; או עד ל־3 שעות.
דקות מספר לפני הגשת המרק, הרתיחי מים בסיר גדול והוסיפי מלח.
קחי מהבצק שהכנת, כף גדושה בצק. החזיקי הכף עם הבצק, מעל הסיר עם המים הרותחים, ובעזרת כפית החליקי ½ כפית בצק, בכל פעם, לתוך המים הרותחים. חזרי על פעולה זו, עד שכל הבצק יחתך.
בשלי במשך 6—8 דקות.
טעמי, כדי להווכח שאמנם הבצקניות מוכנות.
הבצקניות צריכות להיות רכות מבחוץ ורכות פחות בפנים, אבל מבושלות היטב.
סנני.
הוסיפי הבצקניות למרק.
חממי המרק במשך רגע קט, כדי להביאו לטמפרטורת הגשה.

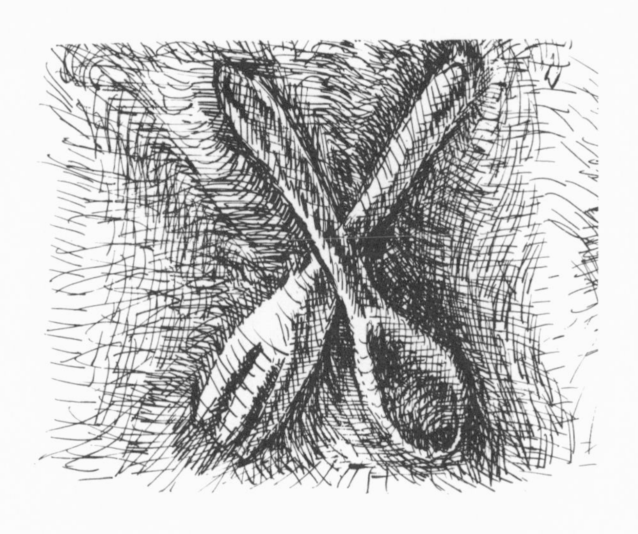

SOUP SPATZLE

Mix in a bowl :

1 cup flour
1 t. salt

Mix in a cup :

1 egg, beaten
¼ cup milk

Beat the two mixtures together.
Cover.
Let stand in the refrigerator for at least 30 minutes, or as long as 3 hours.
Shortly before ready to serve the soup, bring to boil a large pot of salted water
Scoop up a large spoonful of the heavy dough.
Hold it over the boiling pot of water and with a teaspoon, push ½ teaspoon lumps of the dough into the pot.
Repeat until all of the dough is cut.
Cook for about 6—8 minutes and then begin to taste them to see if they are ready. They should be soft on the outside and just tender in the center — not undercooked.
Drain well.
Add to the soup.
Heat for just a moment in the soup to bring to serving temperature.

מרק קרם אגוזים

המיסי בסיר מרק :

5 כפות חמאה

הוסיפי :

5 כפות קמח

בשלי דקה, תוך כדי ערבוב.

הוסיפי תוך בחישה :

$1\frac{1}{2}$ ליטר מרק בשר חם

600 גרם אגוזי לוז קלויים, קלופים וטחונים.

הביאי לידי רתיחה. הנמיכי הלהבה ובשלי 15 דקות, על אש קטנה.

רסקי בבלנדר.

במידה והמרק אינו חלק, סנני המרק.

טרפי :

1 ספל שמנת מתוקה

3 חלמונים

והוסיפי למרק תוך בחישה.

חממי המרק עד לסף הרתיחה, אך הקפידי שהמרק לא ירתח.

תבלי ב :

מלח ופלפל לבן

קשטי ב :

פטרוזיליה קצוצה

אגוזי לוז קלויים וקצוצים

HAZELNUT CREAM SOUP

Melt in a soup pot:

5 T. butter

Add:

5 T. flour

Cook to blend for 1 minute.

Stir in:

1½ liters hot beef broth *(6 cups)*

600 grams hazelnuts, toasted, skins rubbed off, and ground *(1¼ lbs.)*

Bring to a boil.

Simmer for 15 minutes.

Blendor.

If the soup is not smooth, then strain.

Mix and add to the soup:

1 cup sweet cream

3 egg yolks

Bring just to a boil, but do not boil.

Add, to taste:

salt and white pepper

Garnish with:

chopped parsley

chopped toasted hazelnuts

מרק עשבים

בשלי:

4 כרישות קצוצות לרצועות ברוחב של ½ ס"מ
(השתמשי בחלק הלבן של הכרישה)

ב:

1 ליטר מרק עוף

בשלי עד שהירק יתרכך.

המיסי:

1 כף חמאה

הוסיפי:

1 כף קמח

בחשי במקצף ובשלי עד שתתקבל רביכה רכה וקציפה.

הוסיפי לרביכה:

המרק עם הכרישות

בחשי היטב במקצף. הביאי לידי רתיחה ובשלי מספר דקות על אש קטנה, עד שהמרק יסמיך.

הוסיפי:

1 כפית **summer savory**

1 כפית מיורן

1 כפית טאראגון

רסקי המרק בבלנדר.

חממי לטמפרטורת הגשה.

טרפי יחד:

2 חלמונים

1 ספל שמנת מתוקה

צקי בזריזות בלילת הביצים לתוך המרק החם, תוך בחישה מתמדת.

בעת ההגשה קשטי ב:

פטרוזיליה ובצל ירוק, קצוצים.

HERB SOUP

Cook :

4 leeks, white part only, cleaned and sliced ½ cm. wide *(¼ in.)*

In :

1 liter chicken broth *(4 cups)*

Until soft.

Melt :

1 T. butter

Add :

1 T. flour

Blend with a whisk and cook until foamy.

Add :

the leek and broth mixture

Whisk well and cook at a simmer until thickened — for a few minutes.

Add :

1 t. summer savory
1 t. marjoram
1 t. tarragon

Blendor the mixture.

Heat again to serving temperature.

Whisk together:

2 egg yolks
1 cup sweet cream

Quickly whisk the mixture into the soup.

Serve with :

chopped scallions
parsley

מרק לימון יוני AVGOLEMONO

תני בסיר מרק:

2 ליטר מרק עוף
2 עלה דפנה
½ כפית קורנית (thyme)
½ כפית מיורן
1 שן שום מעוכה
2 גזרים קטנים, חתוכים לפרוסות
1—2 גבעולי סלרי עם העלים, חתוכים לרצועות לרוחב
קליפה של ½ לימון מגוררת או קלופה
קומין קאיין (פפריקה חריפה)

הביאי לידי רתיחה, הנמיכי הלהבה ובשלי 15—20 דקות, על אש קטנה.
סנני המרק.
צקי המרק לסיר.
הביאי המרק לידי רתיחה.
הוסיפי:

½ ספל אורז מבושל

חממי במשך 1—2 דקות.
ערבבי יחד:

2 ביצים טרופות
מיץ מלימון אחד

צקי לבלילת הביצים והלימון:

מעט מהמרק, כדי לחמם הבלילה

את זאת הוסיפי למרק, תוך בחישה מתמדת.
חממי יחד מספר דקות.
בעת ההגשה קשטי ב:

פטרוזיליה קצוצה.

AVGOLEMONO

In a soup pot, put:

2 liters chicken broth ***(8 cups)***
2 bay leaves
½ t. thyme
½ t. marjoram
1 clove of garlic, crushed
2 small carrots, sliced
1–2 celery stalks, with leaves, sliced
grated or peeled rind of ½ lemon
pinch of cayenne

Bring to a boil and simmer for 15–20 minutes.
Strain.
Return broth to soup pot.
Bring to a boil.
Add:

½ cup cooked rice

Heat for 1–2 minutes.
Mix together:

2 eggs, beaten
1 lemon, juice of

Add to this mixture, to warm mixture:

some hot broth

Add this to soup, stirring constantly.
Heat all together for a few minutes.
Serve garnished with:

chopped parsley

מרק עדשים בנוסח פונדק הכפר

טגני טגון קל:

1 בצל בינוני, קצוץ דק
2 גבעולי סלרי בלי העלים, קצוצים דק
1 פלפל ירוק, קלוף וקצוץ דק

ב:

3 כפות חמאה

טגני עד שהירקות יתרככו ויזהיבו.
בזקי תוך בחישה:

3 כפות קמח

הוסיפי:

1¾ ליטר מרק עוף
1 כפית מיורן
1 כפית קורנית (thyme)
4 שיני שום מעוכות
1 קופסה של שימורי עדשים מבושלים, מסוננים,
או 200 ג' עדשים יבשים מושרים ומבושלים עד לרכוכם.

הביאי לידי רתיחה. הנמיכי הלהבה ובשלי 25 דקות על אש קטנה.
הוסיפי:

⅓ ספל יין שרי (יין ספרדי מיובא)

הגישי עם:

פרוסות ביצה קשה
בצל ופטרוזיליה קצוצים דק

COUNTRY INN LENTIL SOUP

Saute :

1 medium onion, finely chopped
2 stalks of celery, without leaves, finely chopped
1 small green pepper, peeled, and finely chopped

In :

3 T. butter

Until golden and soft.
Stir in :

3 T. flour

Add :

1¾ liters chicken broth ***(7 cups)***
1 t. thyme
1 t. marjoram
4 cloves of garlic, crushed
1 tin of cooked lentils, drained a bit
or, 200 grams of dried lentils ***(7 oz.),***
soaked and cooked until just tender

Simmer all together for 25 minutes.
Add :

⅓ cup Sherry

Serve with :

slices of hard-boiled egg
onion and parsley, finely chopped

מרק „מינסטרוני" כפרי

חממי בסיר מרק:

4 כפות שמן זית

הוסיפי:

2 כרישות קצוצות לרצועות ברוחב של ½ ס"מ

3 גזרים חתוכים לרצועות באורך של גפרור

10 בצלים ירוקים חתוכים באורך של 2.5 ס"מ

½ ספל סלרי קצוץ לחתיכות ברוחב של ½ ס"מ

1 ספל שעועית ירוקה, חתוכה לחתיכות באורך של 2.5 ס"מ

1 ספל כרוב קצוץ לרצועות דקות

300 ג' תרד קצוץ לרצועות

6 שיני שום מעוכות

3 כפות פטרוזיליה קצוצה

כסי הירקות הקצוצים בניר משומן.

בשלי על אש קטנה עד אשר הירקות „קמלים" ומאבדים את מראם הרענן.

הסירי הניר המשומן.

ערבבי והוסיפי:

1½ ליטר מרק עוף או מרק בשר

1 ספל רסק עגבניות דליל (דללי הרסק עם יין לבן)

1 כפית קורנית **(thyme)**

מלח ופלפל לפי הטעם

הביאי לידי רתיחה. הנמיכי הלהבה ובשלי 30 דקות על אש קטנה.

הביאי שנית לידי רתיחה והוסיפי לסיר:

½ ספל מקרונים (מכל סוג שהוא) שבורים לחתיכות.

בשלי 15 דקות נוספות.

הגישי עם:

גבינת פרמזן מרוסקת.

VILLAGE MINESTRONE

In a soup pot, heat :

4 T. olive oil

Add :

2 leeks, cut in ½ cm. wide shreds ***(¼ inch)***
3 carrots, cut in matchstick size pieces
10 scallions, cut in ½ cm. wide slices ***(¼ inch)***
½ cup celery, cut in ½ cm. wide slices ***(¼ inch)***
1 cup green beans, cut in 2½ cm. pieces ***(1 inch)***
1 cup cabbage, cut in fine shreds
300 grams spinach, cut in shreds ***(10½ oz.)***
6 cloves of garlic, crushed
3 T. chopped parsley

Cover top of vegetables with a piece of oiled paper.
Cook on a low fire until the vegetables "wilt".
Remove the oiled paper.
Stir and add :

1½ liters chicken or beef broth ***(6 cups)***
1 cup thin tomato puree (dilute with white wine)
1 t. thyme
salt and pepper, to taste

Simmer for 30 minutes. Bring to a boil.
Add to pot :

½ cup any macaroni, broken into pieces

Cook 15 minutes longer.
Serve with :

grated parmesan cheese

מרק פטריות צח

רחצי וחתכי לפרוסות דקות:

750 גרם פטריות

המיסי בסיר מרק:

3 כפות חמאה

ערבבי היטב את הפטריות עם החמאה.
כסי הסיר ובשלי כ־20 דקות, על להבה נמוכה.
הוסיפי:

1½ ליטר מרק עוף

הביאי לידי רתיחה. הנמיכי הלהבה ובשלי כ־30 דקות, על אש קטנה, ללא מכסה.
הוסיפי:

4 כפות יין שרי (יין ספרדי מיובא)

קשטי ב:

פטרוזיליה קצוצה.

CLEAR MUSHROOM SOUP

Wash and thinly slice :

750 grams mushrooms ***(2 lbs.)***

Melt in a soup pot :

3 T. butter

Stir the mushrooms well in the butter.

Cover the pot and cook on a low fire for 20 minutes.

Add :

1½ liters chicken broth ***(6 cups)***

Bring to a boil.

Simmer for 30 minutes, uncovered

Add :

4 T. medium Sherry

Garnish with :

chopped parsley

מרק פטריות הולנדי

רסקי בבלנדר ⅓ מהכמות בכל פעם:

½ ק"ג פטריות רחוצות וקצוצות
4 כפות בצל קצוץ
2 כפות סלרי קצוץ (ללא העלים)
½ ליטר מרק עוף

הכיני רביכה לבנה בסיר מרק — המיסי:

4 כפות חמאה

הוסיפי תוך בחישה:

2 כפות קמח

בשלי עד שתתקבל רביכה רכה וקציפה והוסיפי:

¾ ליטר מרק עוף
¼ ליטר חלב
1½ ספלי שמנת מתוקה

בחשי עד שהתערובת תהיה חלקה והוסיפי:

הפטריות המרוסקות

בשלי 30—45 דקות על אש קטנה.

הוסיפי:

3 כפות שרי (יין ספרדי מיובא)
מלח ופלפל לפי הטעם

חממי לטמפרטורת הגשה.

קשטי ב:

פטרוזיליה קצוצה
ולבבות סלרי קצוצים (החלק הפנימי, הלבן והעדין של הסלרי).

DUTCH MUSHROOM SOUP

Blendor in three parts :

½ kilo mushrooms, cleaned and chopped ***(1 lb.)***
4 T. onion, chopped
2 T. celery, without the leaves, chopped
½ liter chicken broth ***(2 cups)***

In a soup pot, make a white roux; melt :

4 T. butter

Stir in :

2 T. flour

Cook until foamy and add :

¾ liter chicken stock ***(3 cups)***
¼ liter milk ***(1 cup)***
1½ cups sweet cream

Stir until mixture is smooth, and add :

the mushroom puree

Cook on a low fire for 30—45 minutes.
Add :

3 T. Sherry
salt and pepper, to taste

Heat to serving temperature.
Garnish with :

chopped parsley
heart of celery leaves

מרק קרם בצל

טגני טגון קל:

4 בצלים גדולים, חתוכים לפרוסות

ב:

4 כפות חמאה

2 כפות שמן זית

עד שהבצלים ישחימו קלות.

הוסיפי:

3 כפות קמח

בשלי 2—3 דקות על אש קטנה.

הוסיפי תוך בחישה:

1¼ ליטר מרק בשר

¼ ליטר יין לבן

1 עלה דפנה

3 שיני שום

8 גבעולי פטרוזיליה

1¼ כפיות קורנית (thyme)

הביאי לידי רתיחה.

כסי הסיר.

בשלי כשעה על אש קטנה.

הוציאי מהמרק את עלה הדפנה וגבעולי הפטרוזיליה.

טרפי יחד:

3 חלמונים

½ ספל יין שרי (יין ספרדי מיובא)

הוסיפי לבלילת הביצים, תוך כדי בחישה:

1 ספל מרק חם

צקי תערובת זו למרק תוך בחישה מתמדת.

הגישי עם:

קוביות לחם מטוגנות

ONION CREAM SOUP

Saute :

4 large onions, sliced

In :

4 T. butter
2 T. olive oil

Until lightly browned.
Add :

3 T. flour

Cook on a low flame for 2—3 minutes.
Stir in :

1 1/4 liters beef broth ***(5 cups)***
1/4 liter white wine ***(1 cup)***
1 bay leaf
3 garlic cloves
8 sprigs of parsley
1 1/4 t. thyme

Bring to a boil.
Cover.
Simmer for one hour.
Remove bay leaf and parsley sprigs from soup
Whisk together :

3 egg yolks
1/2 cup Sherry

Whisk into the egg mixture :

1 cup hot soup

Add this mixture to the soup pot stirring constantly.
Serve with :

grated cheese and croutons

מרק מחית ST. GERMAINE

המיסי בסיר מרק:

100 ג' חמאה

הוסיפי:

3 גזרים קצוצים
2 גבעולי סלרי קצוצים
3 בצלים בינוניים, קצוצים

ערבבי היטב, כך שכל הירקות יהיו עטופים בחמאה. בשלי על אש קטנה עד שהירקות מאבדים את פריכותם.

הוסיפי תוך בחישה:

2 עלי דפנה
¾ כפית קורנית (thyme)
1 כפית גרגירי פלפל
2 ליטר מים

הוסיפי:

2 ספלי אפונה יבשה חצויה
נתח בשר מעושן בן 200 ג'

הביאי לידי רתיחה.
כסי הסיר.
בשלי בשול איטי במשך 1½ — 1 שעות.
בחשי לעתים מזומנות כדי שלא ידבק לתחתית הסיר.
הוציאי נתח הבשר מהמרק אחרי שהאפונה התרככה ורסקי המרק ב„מולי".
תבלי במלח ופלפל להשבחת הטעם.
חתכי הבשר לחתיכות קטנות והוסיפי למרק.
בעת ההגשה קשטי ב:

קוביות לחם מטוגנות בחמאה.

POTAGE ST. GERMAINE

Melt in a soup pot:

100 grams butter *(7 Tbsp.)*

Stir in to coat each piece:

3 carrots, chopped
2 stalks of celery, chopped
3 medium onions, chopped

Cook on a low flame until the vegetables have lost their "raw" look.

Stir in:

2 bay leaves
3/4 t. thyme
1 t. peppercorns
2 liters waters *(8 cups)*

Add:

2 cups dried green split peas
200 grams of smoked meat *(7 oz.)*

Bring to a boil.
Cover.
Simmer gently for one and one-half hours.
Stir occassionally to keep from sticking.
When the peas are tender, remove the meat from the soup; puree the soup in a "Mouli".
Correct the seasoning with salt and pepper.
Cut the meat into small pieces and add to soup.
Serve soup garnished with:

small buttered croutons

מרק אפונה קל הכנה

תני בתוך סיר מרק:

2 ספלי אפונה עדינה, טריה או קפואה
1 בצל גדול, קצוץ דק
1 גזר בינוני, חתוך לפרוסות
2 גבעולי סלרי ללא העלים, קצוצים לרצועות
1 ליטר מרק עוף
2 כפיות אבקת קארי

הביאי לידי רתיחה.
כסי הסיר.
בשלי 25 דקות על להבה נמוכה.
רסקי המרק בבלנדר.
חממי המרק לטמפרטורת הגשה והוסיפי:

1½ ספלי שמנת מתוקה

במידה והמרק סמיך, אפשר לדללו ע״י הוספת מרק עוף.
בעת ההגשה קשטי ב:

עגבניות קליפות, סחוטות וקצוצות
גמבה קצוצה.

מרק זה אפשר להגיש חם או קר.

EASY PEA SOUP

In the soup pot put :

2 cups fresh or frozen young green peas
1 large onion, chopped fine
1 medium carrot, sliced
2 stalks of celery, without leaves, sliced
1 liter chicken broth *(4 cups)*
2 t. curry powder

Bring to a boil.
Cover.
Put the flame at a medium setting — cook 25 minutes at a simmer.
Blendor the mixture.
Return the soup to serving temperature.
Add :

1½ cups sweet cream

If too thick, you may thin it with more chicken broth.
Serve garnished with :

chopped tomatoes, peeled and seeded
or
chopped gamba *(red bell pepper)*

Can serve hot or cold.

מרק אפונה חגיגי

הביאי לידי רתיחה, בסיר מרק:

¾ ליטר מרק בשר

הוסיפי:

5 ספלי אפונה עדינה, טריה או קפואה

10 בצלים ירוקים, קצוצים (החלק הלבן והירוק)

1 כף פטרוזיליה קצוצה

1 חסה קטנה, קצוצה

כסי הסיר.

הביאי לידי רתיחה ובשלי על אש קטנה, עד שהאפונה מתרככת.

רסקי התערובת בבלנדר.

חממי לטמפרטורת הגשה.

הוסיפי תוך בחישה:

⅓ ספל יין שרי (יין ספרדי מיובא)

1 ספל שמנת מתוקה

בעת ההגשה קשטי כל צלחת ב:

ביצים קשות קצוצות

בצל ירוק קצוץ דק (החלק הירוק של הבצל)

לשון קצוצה לרצועות דקות

מרק זה אפשר להגיש חם או קר.

PARTY PEA SOUP

Bring to a boil in a soup pot:

3/4 liter beef broth *(3 cups)*

Add:

5 cups fresh or frozen young green peas
10 scallions, green and white parts, chopped
1 T. parsley, chopped
1 small head of lettuce, chopped

Cover.
Simmer until the peas are soft.
Blendor the mixture.
Re-heat to serving temperature.
Stir in:

1/3 cup Sherry
1 cup sweet cream

Serve each bowl garnished with:

eggs, hard-boiled, chopped
scallions, green part only, chopped fine
tongue, slivered

Can serve hot or cold.

מרק קרם CARVER (מרק קרם בטנים)

הביאי לידי רתיחה:

1 ליטר מרק עוף
1 עלה דפנה
2 חתיכות צפורן
2 שיני שום מעוכות
4 גבעולי פטרוזיליה
1 כף תבלין בר־ב־קיו

הנמיכי הלהבה ובשלי כ־5 דקות, על אש קטנה.
סנני המרק.
הוסיפי:

½ ספל חמאת בטנים
3 בצלים בינוניים, חתוכים לפרוסות.

רסקי המרק בבלנדר.
הביאי לידי רתיחה, הנמיכי הלהבה, בשלי 5 דקות נוספות, על אש קטנה.
טרפי קלות:

2 חלמונים
1 ספל שמנת מתוקה

צקי מהמרק החם לבלילת החלמונים והשמנת, כדי לחמם הבלילה, ותערובת זו צקי בחזרה לסיר המרק, תוך בחישה מתמדת.
חממי באיטיות.
קשטי ב:

עירית, או
בצלים ירוקים קצוצים.

מרק זה אפשר להגיש חם או קר.

CARVER CREAM

Heat to the boil :

1 liter chicken broth *(4 cups)*
1 bay leaf
2 whole cloves
2 cloves garlic, crushed
4 springs of parsley
1 T. Bar-B-Que spice

Simmer for 5 minutes.
Strain.
Add :

½ cup peanut butter
3 medium onions, sliced

Blendor.
Return soup to the simmer and cook 5 minutes more.
Beat together, lightly :

2 egg yolks
1 cup cream

Add enough soup to warm this mixture.
Whisk egg mixture into the soup, stirring constantly.
Heat gently.
Garnish with :

chives or scallions, chopped

Can serve hot or cold.

מרק פלפל

טגני טגון קל:

1 בצל גדול, קצוץ
½ ספל גזר חתוך לקוביות
½ ספל גמבה חתוכה לקוביות
½ ספל פלפל חתוך לקוביות
¼ ספל סלרי קצוץ

ב:

4 כפות חמאה

טגני במשך 10 דקות, השגיחי לבל ישחימו הירקות.
בזקי:

3 כפות קמח

בשלי במשך דקה.
הוסיפי:

1½ ליטר מרק עוף
2 שיני שום מעוכות
1 כפית מיורן
1 כפית ריחן **(sweet basil)**
1 כפית קורנית **(thyme)**
½ כפית פלפל שחור
2—3 טיפות טבסקי, או —
⅛ כפית **cayenne** (פפריקה חריפה)

הביאי לידי רתיחה.
כסי הסיר. בשלי במשך 30 דקות על להבה נמוכה.
בעת ההגשה קשטי ב:

פטרוזיליה קצוצה.

PEPPERPOT

Saute :

1 large onion, minced
½ cup carrot, diced
½ cup gamba, diced ***(red bell pepper)***
½ cup green pepper, diced
¼ cup celery, minced

In :

4 T. butter

For 10 minutes — do not allow the vegetables to brown.
Sprinkle with :

3 T. flour

Cook for 1 minute.
Add :

1½ liters chicken broth ***(6 cups)***
2 cloves of garlic, crushed
1 t. marjoram
1 t. sweet basil
1 t. thyme
½ t. black pepper
2–3 dashes Tabasco, or
⅛ t. cayenne pepper

Bring to a boil.
Cover.
Simmer for 30 minutes.
Serve garnished with :

chopped parsley

מרק מחית PARMENTIER (מרק כרישה ות"א)

המיסי בסיר מרק:

3 כפות חמאה

הוסיפי:

4 כרישות רחוצות בקפדנות וקצוצות דק. השתמשי רק בחלק הלבן. (אפשר להשתמש ב־2 בצלים גדולים במקום הכרישות).

1 בצל גדול, קצוץ דק

בשלי בשול איטי, עד שהבצל יתרכך אך לא ישחים.

הוסיפי:

4 ת"א גדולים, חתוכים לקוביות

1 ליטר מרק עוף

הביאי לידי רתיחה, הנמיכי הלהבה ובשלי על אש קטנה, במשך 30 דקות.

רסקי המרק ב„מולי".

סנני המרק דרך מסננת רשת עדינה.

צקי המרק לסיר.

הביאי לידי רתיחה והוסיפי:

2 ספלי חלב חם

2 כפות חמאה

טרפי יחד:

2 חלמונים

1 ספל שמנת מתוקה

מעט מהמרק החם

צקי התערובת למרק תוך כדי בחישה.

חממי לטמפרטורת הגשה.

בעת ההגשה קשטי ב:

עירית קצוצה או בצל ירוק קצוץ (החלק הירוק)

אפשר להגיש עם קוביות לחם קלוי.

מרק זה אפשר להגיש חם או קר.

POTAGE PARMENTIER

Melt in a soup pot:

3 T. butter

Add:

4 leeks, carefully cleaned, white part only, finely chopped (can use 2 large onions, if leeks unavailable)

1 large onion, finely chopped

Cook slowly, until soft, but not browned.

Add:

4 large potatoes, peeled and diced

1 liter chicken broth ***(4 cups)***

Bring to a boil; simmer for 30 minutes.

"Mouli" the soup.

Put it through a fine sieve.

Return the soup to the pot.

Bring to a boil, and add:

2 cups hot milk

2 T. butter

Mix together:

2 egg yolks

1 cup sweet cream

a bit of the hot soup

Stir this back into the pot.

Bring to serving temperature.

Serve garnished with:

chopped chives or green of scallions

Can also be served with: **croutons**

Can serve hot or cold.

מרק תפו"א מזרחי

טגני במחבת כבדה על גבי אש קטנה:

1 כף גרגירי שומשום

עד אשר ישחימו.
רסקי בבלנדר, עד שתתקבל אבקת שומשום.
ערבבי יחד:

אבקת השומשום
125 גרם בשר פילה או כל בשר בקר ללא שומן, חתוך לחתיכות בגודל של 2½ ס"מ
3 בצלים ירוקים, קצוצים (החלק הלבן)
4 כפות רוטב סויה

תני בסיר מרק:

3 כפות שמן

הוסיפי:

תערובת הבשר

בשלי עד שהבשר ישחים.
הוסיפי לסיר:

4 תפו"א כגודל בינוני, חתוכים לרצועות באורך של גפרור
1½ ליטר מרק בשר

הביאי לידי רתיחה.
כסי הסיר.
בשלי 15 דקות על אש קטנה, עד שתפוחי האדמה יתרככו.
הוסיפי:

3 בצלים ירוקים, חתוכים לחתיכות באורך 2½ ס"מ (החלק הירוק בלבד)

בשלי על סף הרתיחה, במשך 2 דקות נוספות.

ORIENTAL POTATO SOUP

Over low heat in a heavy pan, saute:

1 T. sesame seeds

Until richly brown.
Blendor to a powder.
Mix together:

sesame powder
125 grams thin slices of filet ***(4½ oz.)*** **or other lean beef, cut into 2½ cm. pieces** ***(1 inch)***
3 scallions, white part only, chopped
4 T. soya sauce

Put into a soup pot:

3 T. oil

Add:

the meat mixture

Cook until the meat is browned.
Add to pot:

4 medium potatoes, peeled and cut in matchstick-sized pieces
1½ liters beef broth ***(6 cups)***

Bring to a boil.
Cover.
Simmer for about 15 minutes, until the potatoes are tender.
Add:

3 scallions, green parts only, in 2½ cm. pieces ***(1 in.)***

Simmer 2 minutes more.

מרק דלעת משובח

תני בסיר מרק:

1 ק"ג דלעת קלופה וחתוכה לקוביות
1¼ ליטר מרק עוף
1 ספל בצל קצוץ
¾ ספל בצל ירוק קצוץ (החלק הלבן)

הביאי לידי רתיחה.
הנמיכי הלהבה ובשלי על אש קטנה, עד שהדלעת תתרכך.
רסקי המרק בבלנדר.
חממי המרק לטמפרטורת הגשה.
הוסיפי תוך בחישה:

2 ספלי שמנת מתוקה
½ כפית פלפל לבן

חממי במשך 2—1 דקות.
בעת ההגשה קשטי כל קערית מרק ב:

פרוסה דקה של עגבניה בשלה קלופה
הכיני כ־¾ ספל בצל ירוק קצוץ דק (החלק הירוק בלבד)
פיזרי על כל פרוסת עגבניה מעט בצל ירוק קצוץ

מרק זה אפשר להגיש חם או קר.

PUMPKIN FONDANT

Combine in a soup pot :

1 kilo pumpkin, peeled and cut into cubes ***(2 lbs.)***
1¼ liters chicken broth ***(5 cups)***
1 cup onion, chopped
¾ cup chopped scallions, white part only

Bring to a boil.
Simmer until pumpkin is very tender.
Blendor.
Return to serving temperature.
Stir in :

2 cups sweet cream
½ t. white pepper

Heat for 1—2 minutes.
Serve each bowl garnished with :

1 very thin slice red ripe tomato, peeled

Sprinkled with a part of :

¾ cup finely chopped scallion, green only

Can serve hot or cold.

מרק תרד של פאולט

הביאי לידי רתיחה:

1¼ ליטר מרק עוף
3 גבעולי פטרוזיליה
1 עלה דפנה
½ כפית רוזמרי
¼ כפית כמון
2 שיני שום מעוכות
½ כפית פלפל לבן

הביאי לידי רתיחה. הנמיכי הלהבה ובשלי 5 דקות על אש קטנה.
הוסיפי:

1 ק"ג תרד טחון

בשלי על סף הרתיחה עד שהתרד מוכן.
הוציאי מהמרק:

עלה הדפנה
ו־גבעולי הפטרוזיליה

רסקי המרק בבלנדר.
המיסי בסיר מרק:

2 כפות חמאה

בזקי:

2 כפות קמח

הוסיפי באיטיות תוך בחישה:

¼ ליטר מרק עוף מחומם

בשלי תוך כדי בחישה עד שהתערובת תסמיך.
הוסיפי:

תערובת התרד

טרפי יחד:

2 חלמונים
½ ספל שמנת מתוי

צקי לתוך תערובת הביצים והשמנת מעט מהמרק החם כדי לחמם תערובת הביצים. צקי תערובת זו בחזרה לסיר המרק תוך כדי בחישה. חממי לטמפרטורת הגשה.
בעת ההגשה קשטי ב:

פרוסה חמה של חזה עוף מבושל
גבינה מגוררת (בזקי על פרוסת העוף)
פטרוזיליה קצוצה (בזקי על הגבינה המגוררת)

SPINACH SOUP, PAULETTE

Bring to a boil :

1¼ liters chicken broth ***(5 cups)***
3 sprigs of parsley
1 bay leaf
½ t. rosemary
¼ t. ground cumin
2 cloves of garlic, crushed
½ t. white pepper

Simmer for 5 minutes.
Add :

1 kilo spinach, minced ***(2 lbs.)***

Simmer until the spinach is cooked.
Remove :

bay leaf
parsley sprigs

Blendor.
In a soup pot, melt :

2 T. butter

Add :

2 T. flour

Stir in slowly :

¼ liter warm chicken broth ***(1 cup)***

Cook, stirring, until it thickens.
Add :

spinach mixture

Beat together :

2 egg yolks
½ cup sweet cream
enough hot soup to warm yolks

Stir back into the soup pot.
Heat to serving temperature.
Serve garnished with :

slice of warm cooked chicken breast
grated cheese, sprinkled over chicken
chopped parsley, sprinkled over the cheese

מרק מחית „לאון"

חממי בסיר מרק:

½ ספל חמאה

הוסיפי:

1 ק"ג כרישות חתוכות לרצועות דקות. השתמשי רק בחלק הלבן של הכרישה.

מיץ מלימון אחד

בשלי על אש קטנה במשך 20 דקות. הקפידי לא להשחים הכרישות.

הוסיפי:

1 ספל תרד קצוץ

1 ספל אפונה עדינה (טריה או קפואה)

1 ספל חסה קצוצה

בחשי במשך 2—1 דקות

הוסיפי:

1 ליטר מרק עוף

בשלי על להבה בינונית במשך כ־10 דקות, או עד שהירקות יתרככו.

רסקי המרק ב„מולי".

צקי המרק בחזרה לסיר.

הוסיפי:

2 כפות פטרוזיליה קצוצה

2 כפות נענע קצוצה

2 כפות סלרי קצוץ

הביאי לידי רתיחה.

הוסיפי:

1½—1 ספלי שמנת מתוקה.

חממי לטמפרטורת הגשה.

מרק זה אפשר להגיש חם או קר.

POTAGE LEON

Heat in a soup pot :

½ cup butter

Add :

1 kilo leeks, white part only, sliced thinly ***(2 lbs.)***

1 lemon, juice only

Cook on a low fire for 20 minutes.
Do not let the leeks color.
Add :

1 cup spinach, chopped

1 cup young green peas, fresh or frozen

1 cup lettuce, chopped

Stir a minute or two.
Add :

1 liter chicken broth ***(4 cups)***

Cook on a medium flame until all the vegetables are soft — about 10 minutes.
"Mouli" the soup.
Return the soup to the pot.
Add :

2 T. parsley, chopped

2 T. mint, chopped

2 T. celery, chopped

Bring to a boil.
Add :

1—1½ cups sweet cream

Return to serving temperature.
Can serve hot or cold.

מרק שרי

תני בסיר מרק:

3 ספלי עגבניות קצוצות גס

3 ספלי אפונה עדינה (טריה או קפואה)

¼ ליטר מרק עוף

הביאי לידי רתיחה. הקטיני הלהבה ובשלי על אש קטנה עד שהירקות יתרככו.

רסקי המרק בבלנדר.

סנני המרק.

חממי לטמפרטורת הגשה והוסיפי:

2 ספלי שמנת מתוקה

1 כף חמאה

חממי במשך 2—1 דקות.

הוסיפי:

6 כפות יין שרי (יין ספרדי מיובא)

קשטי ב:

פטרוזיליה קצוצה

מרק זה אפשר להגיש חם או קר.

באם המרק סמיך מדי לטעמך, הוסיפי מרק עוף כדי לדללו.

SHERRY BISQUE

In a soup pot combine :

3 cups ripe tomatoes, chopped coarsely
3 cups young green peas, fresh or frozen
¼ liter chicken broth ***(1 cup)***

Bring to a simmer.
Cook until tomatoes are soft and the peas are tender.
Blendor.
Strain.
Return soup to serving temperature and add :

2 cups sweet cream
1 T. butter

Heat for 1—2 minutes.**
Add :

6 T. Sherry

Garnish with :

chopped parsley

Can serve hot or cold.

** if the soup is too thick for your taste you may add :
some additional chicken broth

מרק עגבניות צח

תני בסיר מרק:

1 קופסה גדולה של שימורי עגבניות שלמות
1 בצל בינוני קצוץ
2 כפות חמאה
¼ כפית פלפל
2 שיני שום מעוכות

הביאי לידי רתיחה. כסי הסיר.
הנמיכי הלהבה ובשלי על אש קטנה במשך 30 דקות.
רסקי המרק ב„מולי".
צקי המרק בחזרה לסיר והוסיפי:

½ ליטר מרק בשר
½ ליטר מיץ עגבניות
½ ספל מִיץ תפוזים
1 עלה דפנה
קליפת לימון מגוררת

בשלי על סף הרתיחה במשך 25—20 דקות נוספות.
בעת ההגשה קשטי ב:

פטרוזיליה קצוצה
קליפת תפוז מגוררת

TOMATO BOUILLON

In a soup pot put:

1 large tin Italian style tomatoes
1 medium onion, chopped
2 T. butter
¼ t. pepper
2 cloves of garlic, crushed

Bring to a boil.
Cover.
Simmer for 30 minutes.
"Mouli".
Return the soup to the soup pot and add:

½ liter beef broth ***(2 cups)***
½ liter tomato juice ***(2 cups)***
½ cup of orange juice
1 bay leaf
1 lemon, peel only, grated finely

Simmer for 20—25 minutes longer.
Serve garnished with:

chopped parsley
grated orange peel

מרק עגבניות רענן

חממי בסיר מרק:

4 כפות חמאה

2 כפות שמן זית

הוסיפי:

2 ספלי בצל חתוך לפרוסות

½ כפית ריחן **(basil)**

½ כפית קורנית **(thyme)**

½ כפית פלפל

בשלי עד אשר הבצל „קמל" (מאבד פריכותו).

בזקי:

4 כפות קמח

ערבבי היטב.

הוסיפי:

6 עגבניות בשלות, בגודל בינוני, קצוצות

או עגבניות, ללא המיץ, מקופסה גדולה של שימורי עגבניות,

3 כפות רסק עגבניות

הביאי לידי רתיחה. הנמיכי הלהבה ובשלי כ־10 דקות על אש קטנה.

הוסיפי:

1 ליטר מרק עוף

בשלי על סף הרתיחה כ־10 דקות נוספות.

רסקי המרק בבלנדר או ב„מולי".

טעמי המרק. באם המרק חמוץ מדי לטעמך, הוסיפי סוכר, כפית אחר כפית, עד לשיפור הטעם.

הוסיפי:

1½ ספלי שמנת מתוקה

חממי לטמפרטורת הגשה.

קשטי ב:

שמיר קצוץ.

מרק זה אפשר להגיש חם או קר.

FRESH TOMATO SOUP

In a soup pot, heat :

4 T. butter
2 T. olive oil

Add :

2 cups onions, thinly sliced
½ t. thyme
½ t. sweet basil
½ t. pepper

Cook until the onion "wilts".

Add : **4 T. flour**

Blend well.

Add :

6 medium-sized ripe tomatoes, chopped
(or 1 large tin Italian style tomatoes, drained)
3 T. tomato puree

Simmer for 10 minutes.

Add :

1 liter chicken broth ***(4 cups)***

Simmer 10 minutes.

Blendor or "mouli".

Taste the soup ; if it is a bit sour add :

sugar, 1 t. at a time to correct the flavor

Add :

1½ cups sweet cream

Bring to serving temperature.

Garnish with :

chopped dill

Can serve hot or cold.

מרק עגבניות SCHERMERHORN

תני בסיר מרק:

1 ליטר מרק בשר
1 ליטר מיץ עגבניות
2 עלי דפנה
1 כפית אבקת כמון
½ כפית אבקת זנגביל **(ginger)**
2 כפיות נענע יבשה
1 כפית אבקת צ׳ילי **(לא פלפל)**
קליפת לימון מגוררת
½ ספל סלרי חתוך לרצועות דקות

הביאי לידי רתיחה ובשלי 10 דקות ברתיחה איטית.

הוסיפי:

4 כפות שרי **(יין ספרדי מיובא)**

בעת ההגשה קשטי ב:

פטרוזיליה קצוצה.

TOMATO SOUP, SCHERMERHORN

Into a soup pot put :

1 liter beef broth ***(4 cups)***
1 liter tomato juice ***(4 cups)***
2 bay leaves
1 t. ground cumin
½ t. ground ginger
2 t. dried mint
1 t. chilli powder (not pepper)
1 lemon, grated peel only
½ cup thinly sliced celery

Heat to boiling.
Cook at a slow boil for 10 minutes.
Add :

4 T. Sherry

Serve garnished with :

chopped parsley

מרק קוקטייל עגבניות של לין

רסקי בבלנדר:

½ ליטר מיץ עגבניות
1 מלפפון גדול, קצוץ אך לא קלוף
1 פלפל ירוק קטן, קלוף וחתוך לרצועות
1½ ספלי יוגורט
מיץ מלימון אחד
¼ ספל מיץ תפוזים
1 כפית רוטב **Worcestershire**
כמה טיפות טבסקו
2 כפות יין שרי (יין ספרדי מיובא)
1 כף פטרוזיליה קצוצה
1 כף שקדים טחונים וקלויים

הביאי לידי רתיחה, הנמיכי הלהבה ובשלי 10 דקות על אש קטנה.

בעת ההגשה קשטי ב: —

פטרוזיליה קצוצה
בצל ירוק קצוץ

LYNN'S TOMATO COCKTAIL SOUP

Blendor :

½ liter tomato juice ***(2 cups)***
1 large cucumber, chopped but not peeled
1 small green pepper, peeled and sliced
1½ cups yogurt
1 lemon, juice only
¼ cup orange juice
1 t. Worcestershire sauce
1 dash Tabasco
2 T. Sherry
1 T. chopped parsley
1 T. ground, toasted almonds

Bring to a boil and simmer for 10 minutes.
Serve garnished with :

chopped parsley
chopped scallions

גספצ'ו של קיוקו

רסקי במגררת:

1 פלפל ירוק (עם הגרעינים)
1 מלפפון (עם הקליפה והגרעינים)
1 בצל קטן

הוסיפי:

2 שיני שום מעוכות
4 עגבניות גדולות בשלות, קלופות
1 כפית אורגנו
1 כפית ריחן (sweet basil)
1 כפית מיורן

ערבבי היטב והוסיפי באיטיות:

מיץ מ־2 לימונים
⅓ ספל שמן זית

רסקי התערובת ב„מולי" עם:

¾ ליטר מרק עוף

הוסיפי:

¾ ספל פרורי לחם טרי
1—2 מלפפונים חתוכים לפרוסות דקות
1 בצל בינוני חתוך לפרוסות דקות
מלח ופלפל לפי הטעם

תני למרק לעמוד במשך 4—5 שעות.

הגישי עם:

פטרוזיליה קצוצה גס
קוביות קרח

KYOKO'S GAZPACHO

Grate into a bowl:

1 green pepper (seeds and all)
1 cucumber (peel, seeds, and all)
1 medium onion

Add:

2 garlic cloves, crushed
4 large ripe tomatoes, peeled
1 t. oregano
1 t. sweet basil
1 t. marjoram

Mix thoroughly, slowly adding:

2 lemons, juice only
⅓ cup olive oil

"Mouli" mixture with:

¾ liter chicken broth *(3 cups)*

Add:

¾ cup fresh bread crumbs
1—2 cucumbers, sliced thinly
1 medium onion, sliced thinly
salt and pepper, to taste

Let stand for 4—5 hours.
Serve with:

pieces of ice
parsley, coarsely chopped

מרק קרם מרי

המיסי בסיר מרק:

3 כפות חמאה

הוסיפי:

2 גזרים קטנים, חתוכים לקוביות בגודל ½×½ ס"מ
1 לפת קטן, חתוך לקוביות בגודל ½×½ ס"מ
2 כרישות קטנות חתוכות לרבעים לאורך ופרוסות לרצועות דקות
⅓ גבעול סלרי קטן חתוך לחצי לאורך ופרוס לרצועות דקות
1 בצל קטן קצוץ דק

בשלי הירקות מרגרינה עד שהירקות יתרככו.

הוסיפי:

3 כפות קמח.

בשלי תוך כדי בחישה במשך דקה. הוסיפי באיטיות תוך כדי בחישה:

1—1¼ ליטר מרק עוף
4 כפות אפונה עדינה, טריה או קפואה מפשרת
6 כפות שעועית ירוקה חתוכה לחתיכות באורך של ½ ס"מ
⅛ כפית צפורן
¼ כפית אגוז מוסקט
½ כפית פלפל לבן

בשלי עד שהשעועית תתרכך, בערך 10—5 דקות.

הוסיפי:

1—1½ ספלי שמנת מתוקה

חממי לטמפרטורת הגשה

קשטי ב:

פטרוזיליה קצוצה

CREME MARIE

Melt in a soup pot :
3 T. butter
Add :
2 small carrots, diced ½ cm. cubes ***(¼ inch)***
1 small turnip, diced ½ cm. cubes ***(¼ inch)***
2 small leeks, ¼'d and sliced thinly
⅓ of a small onion, chopped finely
1 small stalk of celery, ½'d and sliced thinly
Stew in the butter until tender.
Add :
3 T. flour
Cook, stirring for a minute.
Slowly, stir in :
1¼ liters chicken broth ***(5 cups)***
4 T. young peas, fresh or frozen, defrosted
6 T. green beans, diced ½ cm. pieces ***(¼ inch)***
⅛ t. cloves
¼ t. nutmeg
½ t. white pepper
Cook until peas are just tender, about 5—10 minutes.
Add :
1—1½ cups sweet cream
Bring to serving temperature.
Serve garnished with :
chopped parsley

מרק PALMA (מרק ירקות ספרדי)

טגני טגון קל:
1½ ספלי בצל קצוץ
ב:
2 כפות שמן זית
טגני עד שהבצל יתרכך.
הוסיפי:
3 ספלי כרוב קצוץ לרצועות
1 ספל עגבניות קלופות, סחוטות וקצוצות
⅔ ספל פטרוזיליה קצוצה
3 שיני שום מעוכות
ערבבי.
בשלי על אש קטנה כ־5 דקות.
הוסיפי:
1½ ליטר מרק עוף רותח
2 תפוחי אדמה בינוניים, חתוכים לקוביות בנות 2½×2½ ס"מ
1 ספל אפונה עדינה טריה או קפואה
1½ ספלי כרובית חתוכה ל„פרחים"
מלח ופלפל לפי הטעם
הביאי לידי רתיחה ובשלי על אש קטנה במשך 40 דקות.
הוסיפי:
1½ ספלי לבבות ארטישוק חתוכים לרבעים
המשיכי לבשל 5 דקות נוספות, על להבה נמוכה.
צקי המרק לקעריות בהן הונחה פרוסת לחם קלוי מרוחה בחמאת שום.
קשטי ב:
רצועות גמבה

SOUP PALMA

Saute :

1½ cups chopped onion

In :

2 T. olive oil

Until softened.

Stir in :

3 cups shredded cabbage
1 cup tomatoes, peeled, seeded, and chopped
⅔ cup parsley, chopped
3 cloves of garlic, crushed

Cook gently for 5 minutes.

Add :

1½ liters chicken broth, boiling hot *(5 cups)*
2 medium potatoes, cut into 2½ cm. cubes *(1 in.)*
1 cup young peas, fresh or frozen
1½ cups cauliflower flowerets
salt and pepper, to taste

Simmer for 40 minutes.

Add :

1½ cups cooked artichoke hearts, quartered

Cook for 5 minutes at a simmer.

Serve over :

garlic toast

Garnish with :

gamba strips *(red bell pepper)*

מרק אגוזי מלך

רסקי בבלנדר עד שתתקבל תערובת חלקה:

1½ ספלי אגוזי מלך
½ ליטר מרק עוף
2 שיני שום מעוכות

סנני המרק לתוך סיר.
הוסיפי לרסק האגוזים שנותר במסננת:

½ ליטר מרק עוף

ורסקי שנית בבלנדר, עד שהתערובת תהיה חלקה ועדינה.
סנני המרק שנית לתוך הסיר, מעכי קלות את רסק האגוזים אל דפנות המסננת, בעזרת כף. אל תשתמשי ברסק האגוזים שנותר במסננת.
הביאי המרק לידי רתיחה ובשלי על סף הרתיחה, במשך 10 דקות.
הוסיפי:

1½ — 1 ספלי שמנת מתוקה
מלח ופלפל לפי הטעם

חממי המרק לטמפרטורת הגשה.
קשטי ב:

עירית קצוצה או בצל ירוק קצוץ
פטרוזיליה קצוצה.

WALNUT SOUP

Blendor until smooth:

1½ cups walnuts
½ liter chicken broth *(2 cups)*
2 cloves of garlic

Strain liquid into a pot.
To the nut puree left in the strainer add:

½ liter chicken broth *(2 cups)*

Blendor again until thin.
Strain liquid into the pot.
Using a spoon press out as much of the nut puree as will pass the strainer mesh easily.
Discard the remaining puree in strainer.
Heat to the boiling point and simmer for 10 minutes.
Add:

1—1½ cups sweet cream
salt and pepper, to taste

Heat to serving temperature.
Serve garnished with:

chopped chives or green of scallions
chopped parsley

מרק זוקיני

בסיר מרק, טגני טגון קל :

2—1 כרישות קצוצות (החלק הלבן בלבד)

1 בצל קטן קצוץ

ב :

4 כפות חמאה

הוסיפי :

טגני עד שיזהיבו.

1 ליטר מרק עוף

4 קשואים (זוקיני) בגודל בינוני, קצוצים

1 עלה דפנה

1 כפית קורנית **(thyme)**

4 גבעולי פטרוזיליה

2 גבעולי סלרי (עם העלים), קצוצים

הביאי לידי רתיחה, הנמיכי הלהבה ובשלי על אש קטנה, עד שהירקות יתככו.

הוציאי מהמרק :

עלה הדפנה

וגבעולי הפטרוזיליה

רסקי המרק בבלנדר.

הביאי לידי רתיחה פעם נוספת.

הוסיפי :

$1\frac{1}{2}$—1 ספלי שמנת מתוקה

מלח ופלפל לפי הטעם

בעת ההגשה קשטי ב :

פטרוזיליה קצוצה

בצל ירוק קצוץ

מרק זה אפשר להגיש חם או קר.

ZUCCHINI SOUP

In a soup pot, saute :

1—2 leeks, white part only, chopped
1 small onion, chopped

In :

4 T. butter

Until golden.
Add :

1 liter chicken broth
4 medium zucchini, chopped
1 bay leaf
1 t. thyme
4 springs parsley
2 stalks celery, with leaves, chopped

Bring to a boil ; simmer until the vegetables are tender.
Remove :

bay leaf
parsley sprigs

Blendor.
Return to a boil.
Add :

1½—2 cups sweet cream
salt and pepper, to taste

Serve garnished with :

chopped parsley
chopped scallions

Can serve hot or cold.

ענבניות — לקלף, לסחוט ולקצץ: לקלף — שימי העגבניות בתוך קערה עם מים רותחים, במשך 4—2 דקות. הוציאי העגבניות מהמים, הסירי הקליפה. אפשרות שניה — השתמשי במכשיר לקלוף תפו"א.
לסחוט (כדי להוציא גרעיני העגבניה) — חתכי העגבניה לחצי לרוחב, סחטי גרעיני העגבניה, ע"י לחיצה קלה, כשהעגבניה נתונה בתוך כף סחטי העגבניה ע"י לחיצה קלה, כשהעגבניה נתונה בתוך כף ידך הקעורה. ידך הקעורה.
לקצץ — חתכי העגבניה לפרוסות עבות, ואת הפרוסות חתכי לחתיכות.

מקצף —

מכשיר ידני להקצפה וערבוב.

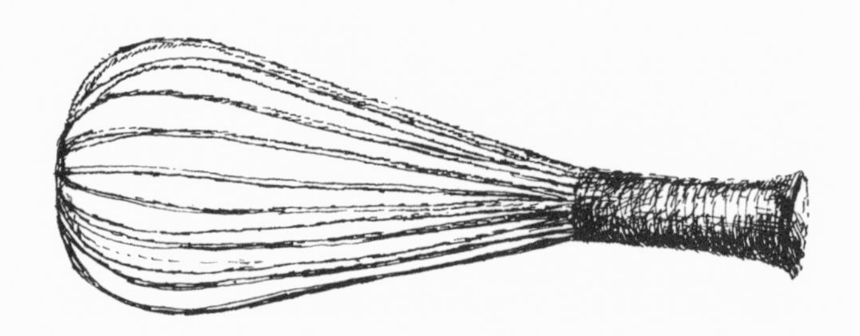

מידות ומשקלות

מדידה מדויקת של חמרים, תורמת רבות להצלחת הבישול.
במסעדתנו, אנו משתמשים במערכת כפות, כפיות וספלי מדידה אמריקאיים סטנדרטיים.

1 ספל	—	¼	ליטר
4 ספלים	—	1	ליטר
1 ספל	—	16	כפות
3 כפיות	—	1	כף

שקדים —

קלוף: לבשל השקדים, בתוך סיר עם מים רותחים, במשך 4—3 דקות. לסנן המים ולקלוף השקדים.

טחינה: רסקי השקדים בבלנדר — ½ ספל בכל פעם. או — באביזר אחר של המיקסר, המיועד לכך. אל תשתמשי במטחנת הבשר למטרה זו.

קליה: פזרי בתבנית שקדים קלופים או בלתי קלופים אך רחוצים. קלי השקדים בתנור, בחום של 350, במשך 15 דקות. ערבבי לעיתים מזומנות.

אגוזי לוז (אגוזים עגולים קטנים) —

קליה: פזרי בתבנית אגוזים רחוצים. קלי בתנור בחום של 350, במשך 20—15 דקות. ערבבי לעיתים מזומנות; צנני.

השתמשי במגבת רחצה או בניר מגבת, כדי להסיר הקליפה הדקה של האגוזים.

טמפרטורה —

„הביאי לידי רתיחה, ובשלי על סף הרתיחה במשך 10 דקות": הביאי המרק לידי רתיחה במהירות; הנמיכי הלהבה, עד שהבעבוע הוא איטי. ומרגע זה חשבי את זמן הבישול.

בשול איטי: בישול על סף הרתיחה, כאשר הבעבוע הנו איטי.

טמפרטורת הגשה: מידת החום הנעימה לחך.

ירקות —

פטרוזיליה או שמיר, קצוצים: הסירי מהגבעול את עלי הפטרוזיליה או השמיר, יבשי היטב, קצצי לגודל המתאים.

פרוסות מלפפון לקישוט: רחצי היטב את המלפפונים, וחרצי חריצים בעזרת מזלג. חתכי לפרוסות.

פלפלים ירוקים או גמבה, קלופים: השתמשי למטרה זו במכשיר המיועד לקלוף תפ"א. אין הכרח להסיר הקליפה כולה.

גבעולי הסלרי — גבעולי סלרי בודדים ללא העלים.

לב הסלרי: הגבעולים הנמצאים בחלק הפנימי של הסלרי, אשר צבעם בהיר. בדרך כלל משתמשים גם בעלים של גבעולי לב הסלרי.

פטריות, רחיצה: תני הפטריות בקערה גדולה, בזקי כ־⅓ ספל מלח בישול לכל ק"ג פטריות. כסי הפטריות במים קרים עד פושרים; שפשפי הפטריות בין כפות ידיך, בתוך קערת המים המלוחים. סנני המים. שטפי הפטריות בעזרת כפות ידיך, מתחת למי ברז קרים.

הניחי הפטריות על גבי ניר מגבת. יבשי הפטריות היטב, בעזרת מגבת ניר נוספת.

„מולי" —
מכשיר מיועד למעיכת מאכלים רכים. המאכלים המרוסקים ב„מולי",
שונים במראם ובמרקמם מאלו המרוסקים בבלנדר.

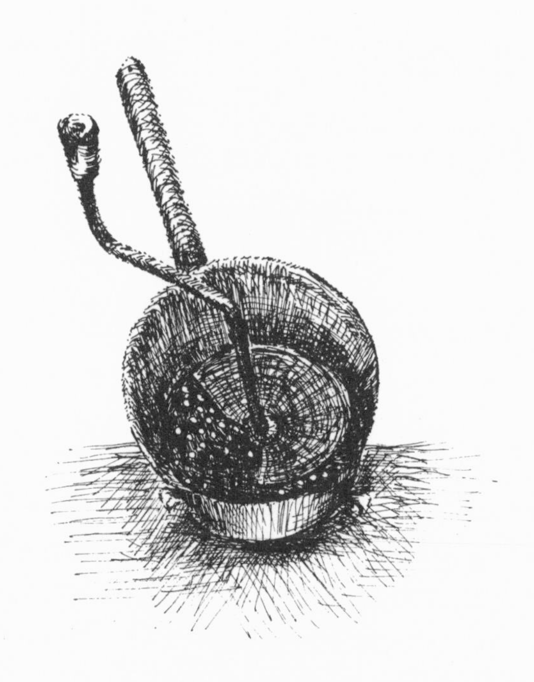

„קרוטונים" (1—½ ס"מ) —
קוביות לחם מטוגנות או קלויות.
פרסי לחם לפרוסות, הסירי קרום הלחם, חתכי הפרוסות ל„אצבעות" ואת ה„אצבעות" — לקוביות.
קליה בתנור: מרחי בחמאה שני צידי פרוסות הלחם, לפני שאת חותכת לקוביות. פזרי קוביות הלחם על ניר אפיה, ותני בתנור, בחום של 350. ערבבי מפעם לפעם, עד שקוביות הלחם ישחימו קלות.
טגון: המיסי במחבת 1½ כפות חמאה לכל פרוסת לחם. חממי החמאה על להבה בינונית; שימי קוביות הלחם במחבת, ערבבי. הקפידי שכל הקוביות יכוסו בחמאה. טגני עד שקוביות הלחם ישחימו קלות.
חמאת שום — הוסיפי לחמאה, לפני הכנת „הקרוטונים", קומץ אבקת שום לכל פרוסת לחם.

תבלינים —

chervil, summer savory :

תבלינים אלו דומים מאד בטעמם, לטעם הפטרוזיליה. במידה ואין להשיגם, אפשר להשתמש בפטרוזיליה כתחליף.
רוטב סויה:
השתמשי ברוטב סויה יפני או קוריאני, המנעי מלהשתמש ברוטב סויה סיני או ישראלי.

עדשים מבושלים —

תני העדשים בסיר, כסי במים בכמות כפולה מכמות העדשים. שרי העדשים במים למשך הלילה. שטפי העדשים. צקי שנית מים קרים, הוסיפי 1 כפית מלח לכל ליטר מים. הביאי לידי רתיחה, הוסיפי עלה דפנה, כסי הסיר ובשלי על גבי אש קטנה, עד לרכוכם. במידה ותוך כדי בישול, המים אינם מכסים העדשים, הוסיפי מים חמים.

חלב מחומם —

תני החלב בסיר וחממי עד שמופיעות בועות מסביב לפני החלב. אל תתני לחלב לרתוח.

המרשמים בספר זה (להוציא המרשמים בהם צוין אחרת) מיועדים ל־6 סועדים, בארוחה בת 4 מנות — מנה ראשונה, מרק, מנה עיקרית ומנת קינוח.

אנו משתמשים במיטב המצרכים להכנת המרקים. הירקות הנם מהטריים ביותר שניתן לקנות, גם אם אינם היקרים ביותר. המרקים המובאים בספר זה, אינם דורשים בשול ממושך, ועל כן רק ירקות טריים יעניקו למרקים את טעמם הרצוי. רוב התבלינים והעשבים נותני הריח — הנם מיובאים. אנו משתמשים במסעדתנו „הכפרי", בתוצרתם של שתי חברות: החברה האמריקאית — Spice Islands והחברה הקנדית — Schwartz השימוש בתבלינים אלו, מעניק למרקים את טעמם המיוחד.

להכנת מרקים אלו, השתמשי:
ב־1 כף גדושה אבקת מרק ל־2 ספלי מים רותחים.

מונחים רבים בספר זה, מבוססים על טרמינולוגיה אמריקאית והם דורשים הבהרות והסברים. הבנתם תכייע רבות, לבצוע מוצלח של ההוראות.

לרסק בבלנדר —

רסוק חמרי מזון עד להפיכתם לדיסה.

לקשט ב —

בעת ההגשה להוסיף קישוט לכל קערית מרק, כדי להשביח הטעם ולשובב העין.

לחם קלוי עם חמאת שום —

6 פרוסות:

חתכי 6 פרוסות לחם בעבי של 1—½ ס"מ. השתמשי בלחם לבן ארוך (צרפתי).

מרחי צד אחד של פרוסות הלחם בחמאת שום, שהכנת מ־⅓ ספל חמאה רכה ו־½ כפית שום מעוך.

השחימי הלחם בתנור, בחום של 350, במשך 20 דקות.

הוציאי פרוסות הלחם מהתנור, מרחי חמאת השום הנותרת, על הצד השני של פרוסות הלחם. החזירי פרוסות הלחם לתנור, והשחימי במשך 5 דקות נוספות. אפשר להגדיל כמות השום, לפי הטעם.

תוכן הענינים

מרק שקדים 7
קרם ארטישוק 9
מרק אבוקדו 11
מרק מחית שעועית ירוקה 13
מרק Maurice 15
בורשט חם 17
מרק בוהאמס 19
מרק קרם ברוקולי 21
מרק חום 23
מרק כרוב 25
Canja 27
מרק גזר 29
מרק "Cream Georgette" (מרק סלרי) 31
מרק גבינה 33
מרק רומאי 35
מרק עוף בנוסח ישן 37
כופתאות קמח מצה של אמליה בורסון 39
מרק עוף עם בצקניות 41
מרק עוף „הרים מוריקים" 43
מרק Chiffon 45
מרק "Mercedes" 47
מרק כרם תירס 49
מרק מלפפונים ותרד 51
מרק מלכותי 53
„מליגטוני" 55
מרק מחית חצילים 57
מרק Turino (מרק חצילים) 59
מרק דגים 61
מרק שום קליפורני 63
מרק שום ספרדי 65
מרק Gulyas (מרק גולש) 67
בצקניות Spatzle למרק 69
מרק קרם אגוזים 71
מרק עשבים 73
מרק לימון יוני Avgolemono 75
מרק עדשים בנוסח פונדק הכפר 77
מרק „מינסטרוני" כפרי 79
מרק פטריות צח 81
מרק פטריות הולנדי 83
מרק קרם בצל 85
מרק מחית St. Germaine 87
מרק אפונה קל הכנה 89
מרק אפונה חגיגי 91
מרק קרםCarver (מרק קרם בטנים) 93
מרק פלפל 95
מרק מחית Parmentier (מרק כרישה ות"א) 97
מרק תפו"א מזרחי 99
מרק דלעת משובח 101
מרק תרד של פאולט 103
מרק מחית לאון 105
מרק שרי 107
מרק עגבניות צח 109
מרק עגבניות רענן 111
מרק עגבניות Shermer'Horn 113
מרק קוקטייל עגבניות של לין 115
גספצ'ו של קיוקו 117
מרק קרם מרי 119
מרק Palma (מרק ירקות ספרדי) 121
מרק אגוזי מלך 123
מרק זוקיני 125

„המרק הנו משובח". משפט זה חוזר ונשמע במסעדת „הכפרי", מיום שפתחנו אותה לקהל, מזה ארבע שנים. אורחינו הנהנים מכל המנות שבתפריט, זכו דוקא את המרקים, בתגובה זו של הערכה והנאה. לעיתים קרובות מאד נלוותה לתגובה זו השאלה — „האם יכולה את לומר לי כיצד מכינים זאת ?" תשובתי מובאת בחוברת קטנה זו.

שני דברים דחפוני לפתוח את מסעדת „הכפרי" — אהבתי לאוכל טוב וההנאה שגורמת לי מלאכת הבישול. חברינו הרבים הבאים לעיתים מזומנות לסעוד אתנו, מרבים לשאלני — מהו הדבר הגורם לי ספוק רב כל כך במעשה הבישול, שהנו לכאורה מלאכה חדגונית. התשובה היא — הכנת ארוחה לעולם אינה שגרה. זהו תהליך יצירתי בדיוק כמו ציור תמונה או כתיבת ספור. הצבעים והבד, המילים והניר, הנם אותם המרכיבים בכל פעם, אולם העצוב והביצוע — לעולם אינם זהים.

המרקים שאנו מכינים, הם חלק מתכנית גדולה יותר — הארוחה בת ארבע המנות בתוספת יין וקפה. משום כך המרקים באוסף זה, אינם מהווים את המנה המרכזית בארוחה, אלא באים כמנה שניה אחרי הסלט, תפקידם לגרות החך ולא להשביע את הסועד.

חלק מהמרקים דשנים יותר מאחרים, וכשהם מוגשים בכמות גדולה, יכולים לשמש כמנה עיקרית בארוחה קלה, אולם בדרך כלל משתלבים המרקים בארוחה השלמה.

בבואי ארצה כ„עולה חדשה" נתקלתי בקשיי לשון רבים, לכן חשבתי, כי מועיל יהיה לגבי המתנסים באותו מצב, לקרוא הספר בשפתם השגורה, יכד עם זאת להבין את „מונחי המטבח" בשפה האחרת.

בתאבון ! הנה המרקים.

רינה פרנקלין

לאבי, יו. ל. וארד הודג׳ — שתבונתו בעניני מזון, הנחתה אותי בדרכי המיוחדת בבישול.
וכמובן, ללין, מימי, פיל, ברוס, הלי, סטן וג׳ק.

ליהודית, אשר ידעה להבין ולתרגם את הספר לעברית, והקדישה לכך ממרצה, סבלנותה וכשרונה.
לדניאל, שהשכיל בכשרונו, לתאר בציוריו את אוירת האמנות שבמעשה הבישול.
לחנה, שהודות לה, כל זה, קם והיה.

מרקים

רינה פרנקלין

מהדורה ראשונה, 1979

דפוס כרמל בע״מ, תל־אביב

העטיפה: מירה

מאת רינה פרנקלין

תרגום
יהודית ונציה

ציורים
דניאל

עריכה
חנה זיתוני